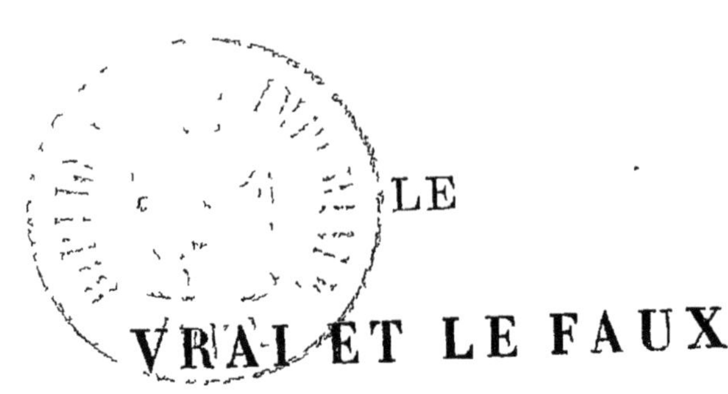

LE
VRAI ET LE FAUX
LIBÉRALISME

LAVAL, IMP MARY-BEAUCHÊNE.

LE

VRAI ET LE FAUX

LIBÉRALISME

PAR

HENRI DE LA BROISE

« *In veritate et æquitate.* »
En verité et en équité.

PARIS
P. LETHIELLEUX, ÉDITEUR
23, RUE CASSETTE, 23
1866

PRÉFACE.

Un des caractères les plus tristement remarquables de notre époque est l'incertitude où sont plongés la plupart des esprits : nul n'a plus ni croyance arrêtée, ni voie tracée ; chacun cherche vainement la vérité, la règle et le devoir.

La société se ressent, comme les individus, de cette absence de direction morale. Elle se prend d'amour pour toutes les nouveautés, s'imaginant y trouver l'apaisement de ses inquiétudes ; mais elle reconnaît bien vite qu'aucune ne lui apporte la solution de ses problèmes; et elle les délaisse aussitôt pour courir après d'autres songes. Elle se passionne pour les améliorations de l'ordre matériel, comme pour trouver, dans son achvité physique, un dérivatif à ses tortures morales ; mais toutes les innovations merveilleuses qu'elle a vues naître, toutes les splendeurs qu'elle a réalisées n'ont pu lui donner la paix ni lui procurer le bonheur. Elle cherche sans cesse, elle poursuit sans relâche un idéal et la fin.

Notre époque a cherché dans l'ordre religieux ; mais s'éloignant systématiquement dans ses investigations, du Catholicisme, au sein duquel les siècles passés avaient trouvé le repos, elle n'a abouti qu'à la perplexité la plus poignante et au scepticisme le plus cruel.

Elle a cherché dans l'ordre politique ; et tous les changements qu'elle a opérés n'ont amené que des catastrophes individuelles, sans avancer en rien le bien général.

Elle a cherché dans l'ordre social : et loin de comprendre que la vérité sociale est intimement liée à la vérité religieuse, loin de revenir s'humilier au pied de la Croix, elle se confirme, au contraire, de plus en plus dans sa révolte et les novateurs, qui ont rompu depuis longtemps avec la vérité révélée, se montrent animés d'un redoublement de haine contre le Catholicisme. Toutes leurs fureurs se concentrent et rugissent autour du Souverain-Pontife, dont ils ne veulent briser le pouvoir temporel que pour mieux assurer le renversement de son pouvoir spirituel ; car, pour ces hommes qui ne reconnaissent que la force et qui s'exagèrent la valeur d'une puissance matérielle, il n'est pas douteux que la chute de l'un ne doive amener la ruine de l'autre. Ils touchent presque à leur but et croient déjà tenir en main la victoire ; ils attendent de l'année qui commence le couronnement de leurs espérances et le prix de leurs longs et persévérants efforts.

Dans une telle situation, en présence de l'anarchie des idées, du trouble des intelligences et des coupables prétentions de tant d'hommes égarés, il nous a paru opportun d'étudier les doctrines de ces réformateurs de la Religion et de la Société, de rechercher l'origine de leurs principes et de dévoiler leurs tendances.

Il existe en France un parti nombreux qui se donne pour le promoteur de tous les progrès, qui s'attribue l'initiative et le mérite de tous les bienfaits sociaux et de toutes les idées généreuses. Divisés à l'infini sur les questions politiques et sociales, les gens qui composent ce parti et qui s'intitulent *les Libéraux*, n'ont entre eux d'autre lien qu'une haine commune de l'Église et de notre ancienne Monarchie française ; mais toutes leurs rivalités s'apaisent, tous leurs antagonismes se donnent la main et se resserrent en une coalition compacte, dès qu'il s'agit de combattre ou de décrier l'un de ces deux pouvoirs. Au milieu de la diversité des opinions de ce parti factice et tout artificiel, beaucoup d'hommes ne lui touchent qu'à peine ; mais ils se laissent entraîner à le suivre, séduits par la beauté de son appellation et trompés par la confusion et le vague de ses doctrines. Quelques-uns regardent comme un principe fondamental ce qui n'est qu'une conséquence lointaine ; d'autres, au contraire, remontent jusqu'aux principes, mais ne savent pas voir où conduisent leurs logiques conséquences.

C'est à ces incertains et à ces irréfléchis que nous avons voulu nous adresser. En posant nettement les principes et en les suivant jusque dans leurs déductions les plus rigoureuses, nous avons voulu montrer ce qu'est, au fond, le Libéralisme, espérant que beaucoup de gens de bonne foi, mais abusés, se sépareront de ce guide menteur quand ils verront clairement d'où il vient et où il mène, et reviendront grossir le parti impérissable de l'Église, de l'Ordre et de la Stabilité.

Peut-être nos lecteurs trouveront-ils que certaines parties de notre travail ne sont pas suffisamment développées ; d'autres, au contraire, sembleront peut-être renfermer des longueurs. Quelle que soit la brièveté de cet ouvrage, nous ne nous dissimulons pas qu'il présente plus d'une imperfection ; mais nous avons voulu, néanmoins, prendre part, nous aussi, à la grande lutte : nous avons voulu repousser, dans la mesure de nos forces, les agressions injustes et coupables auxquelles sont en butte l'Église et la Royauté, ces deux puissances dont nous voulons, toute notre vie, demeurer le serviteur fidèle, ces deux objets de notre éternelle reconnaissance, de notre ardent amour et de notre inébranlable attachement.

Laval, Janvier 1866.

CHAPITRE PREMIER.

LE LIBÉRALISME.

La Révolution, a dit Napoléon Ier, durera cent ans. Nul ne peut prévoir si sa durée sera, en effet, limitée à cette période ; mais il est manifeste pour tous qu'elle est encore éloignée de son terme.

Si la Révolution eût été, comme on l'a souvent dit trop légèrement, un fait historique ordinaire, prenant sa cause dans les abus de l'ancien régime et dans les vices des classes dominantes, l'abaissement de ces classes et la transformation de l'ensemble gouvernemental eussent dû la terminer, en lui donnant satisfaction. Or nous voyons, au contraire, se produire, presque périodiquement de quinze ans en quinze ans, de nouvelles manifestations de cet esprit d'innovation et de révolte qui est l'esprit même de la Révolution. Tous les gouvernements qui se sont succédé depuis 1789 se sont donnés comme devant *clore l'ère des révolutions ;* et cependant tous n'ont eté que des phases nouvelles de la grande lutte que la Révolution avait engagée avec le monde, des palliatifs inefficaces, des barrières impuissantes opposées à cet esprit inquiet et turbulent.

C'est donc à tort que l'on considére la révolution de 1789 comme un événement portant avec lui son principe et son but, sa cause et son effet, et limité au pays qui l'a vu se produire. C'est à tort aussi qu'on donne à cette révolution le nom de Révolution Française. Commencée en France, elle n'a pas tardé à franchir nos frontières, elle a remué, presqu'aussitôt, une grande partie de l'Europe ; et elle a pris un double caractère, de généralité, quant à son extension, et de perpétuité, quant à sa durée. La Révolution survit et bouleverse sans relâche : les peuples s'agitent, plus d'un trône s'écroule, tous chancellent; la vieille Europe est emportée malgré elle vers un but invisible et indéterminé ; et tous les efforts qu'elle a faits pour se retenir dans cette course vertigineuse n'ont produit que des répits d'un moment, sans pouvoir lui rendre la stabilité.

Bien que la Révolution, comme nous le verrons fréquemment dans le cours de cette étude, prenne son point de départ dans la glorification de l'Homme, s'adresse à ses intérêts et flatte ses passions, on ne pourrait s'expliquer un entraînement aussi général, si elle ne s'appuyait que sur des sentiments d'une nature aussi basse et si elle ne mettait en jeu des mobiles d'un ordre plus élevé. Mais, à côté des hommes qui se jettent dans ses voies pour satisfaire leur ambition ou leur haine, il en est d'autres, en très-petit nombre il est vrai, qui n'obéissent, en la suivant, qu'à un mouvement désintéressé, croyant servir avec elle une grande idée et combattre de funestes erreurs ou de coupables abus. D'autres enfin, et c'est le plus grand nombre, courent à la nouveauté, suivent ceux qu'ils voient marcher, sans se rendre compte du but où ils tendent, et s'imaginent, en agissant ainsi, faire preuve d'énergie et d'indépendance de caractère.

Parmi les artifices dont la Révolution se sert pour captiver et entraîner ces enthousiastes et ces simples, il n'en est pas de plus puissant que le trouble qu'elle a introduit dans les idées. en les recouvrant de mots specieux, mais presque toujours vides, et, souvent même, pris à l'opposé de leur vrai sens.

Le plus attrayant de tous les mots séducteurs dont elle se sert ainsi, pour embellir ou déguiser les choses, est celui de *Libéralisme* que les révolutionnaires emploient pour désigner l'ensemble de leurs doctrines. Ce mot est habilement choisi ; il rappelle à la fois la liberté, dont le nom seul est cher à tous les hommes, et la libéralité. c'est-à-dire l'ampleur des idées, la générosite et la grandeur des sentiments. Mais, le Libéralisme étant ainsi compris, le nom de libéraux convient-il bien réellement aux hommes qui s'en décorent ? Il est essentiel d'établir nettement ce point ; car, étant admis que le Libéralisme trouve de l'écho dans les masses, parce qu'elles croient rencontrer en lui des principes qui répondent à tout ce qu'il y a de noble et d'élevé dans notre nature, il importe de savoir où prendre les hommes qui possèdent de tels principes, qui les représentent réellement et qui ont droit d'en recueillir la popularité.

Disons-le dès le début : Si le Libéralisme est en effet l'amour et la pratique de la liberté, nous déclarons hautement être aussi libéraux que qui que ce soit. Mais si on entend par Libéralisme la haine et le dénigrement systématique du passé et la ligue contre nos principes de religion, de famille, d'ordre et de propriété, nous nions que ceux qui se disent Libéraux méritent une désignation aussi relevée et aussi généreuse ; et si, par un étrange abus des mots, c'est réellement à de telles doctrines qu'on applique le nom de Libéralisme, nous déclarons n'être point libéraux et nous prions Dieu qu'il nous garde d'être jamais tentés de le devenir.

Avant donc d'accepter le Libéralisme pour ce qu'il se donne, tâchons de le juger pour ce qu'il est, et, à cette fin, recherchons son origine et discutons ses principes.

Il nous faudrait reculer bien loin, si nous voulions prendre à sa source même l'esprit révolutionnaire duquel est issu le Libéralisme. Il nous faudrait remonter jusqu'à Celui qui introduisit la révolte dans le monde, en prononçant le fatal *non serviam*, mot qui contient en germe toute la Révolution, qui repousse, comme elle, la soumission et la foi, qui renferme, comme elle, la négation implicite de toute autorité et de toute religion.

Nous pourrions, sans aller chercher si loin dans le passé, remonter, du moins, jusqu'à la Réforme dont l'action, combinée avec l'influence païenne de la Renaissance, nous présente le triple caractère d'émancipation des instincts et des passions de l'homme, de révolte philosophique contre la foi et d'insurrection violente contre le pouvoir royal, caractères qui sont ceux mêmes de la Révolution. Nous pourrions faire voir cet esprit, refoulé en France par le triomphe du parti catholique et royaliste, dans les guerres dites de religion, travailler sous main durant le XVIIe siècle et s'épancher en discussions dogmatiques, faute de pouvoir se prendre à l'autorité royale, trop forte alors pour être ébranlée.

Nous pourrions montrer la Négation grandissant rapidement pendant la Régence et le règne de Louis XV, attaquant le pouvoir religieux par la plume de Voltaire et de ses satellites, le pouvoir civil et l'organisation sociale par celle de Rousseau ; et préparant, par le vide des cœurs et l'égarement des intelligences, la grande catastrophe qui termina le siècle. Mais un aussi vaste examen dépasserait le cadre que nous nous sommes imposé ; et nous nous bornerons à considérer l'esprit révolutionnaire sous la forme et sous le nom nouveaux de Libéralisme, qu'il a pris presque de nos jours, c'est-à-dire au commencement de la Restauration.

I.

En 1814, lorsque l'ambition insatiable de Napoléon Ier et l'incroyable aveuglement qui lui fit repousser les conditions, si avantageuses pourtant, que lui proposait l'Europe coalisée, eurent attiré les armées étrangères au cœur même de Paris, on pouvait craindre que le ressentiment des souverains alliés ne les entraînât à partager entre eux un état dont ils avaient eu tant à souffrir ; et ce démembrement se fût sans doute opéré sans les chaleureuses démonstrations du parti royaliste qui frappèrent l'esprit chevaleresque de l'empereur Alexandre, mirent fin à ses hésitations et le déterminèrent à laisser le pays libre de rappeler ses anciens souverains.

La restauration de la dynastie des Bourbons se présenta donc comme le salut de la nationalité française ; et loin d'avoir motivé l'invasion des étrangers, comme l'ont répété, avec une insigne mauvaise foi, les écrivains révolutionnaires, elle fut, au contraire, imposée, en quelque sorte, à la coalition par le vœu national, manifesté avec une spontanéité qui ne permit pas de le méconnaître. Dans de telles circonstances, Louis XVIII eût pu, en rentrant dans ses états, maintenir le régime d'absolutisme auquel la France n'était que trop habituée, depuis que l'Empereur avait fait succéder l'excès de son despotisme aux excès de l'anarchie révolutionnaire. Le Roi était l'homme nécessaire de la situation, et, bien que le Sénat lui demandât des garanties constitutionnelles, en présence des manifestations publiques et de l'initiative courageuse de la municipalité de Paris, qui s'était prononcée hautement pour la royauté légitime, le Sénat lui-même eût accepté, sans conditions, le rétablissement de l'ancienne dynastie.

Le Roi ne le voulut pas ; et, jugeant que la nation française était mûre pour la liberté, se laissant guider par l'exemple de l'Angleterre dont il avait, pendant son exil, étudié et admiré l'organisation intérieure, il accéda aux vœux du Sénat, octroya à son peuple une constitution et inaugura ainsi le régime parlementaire et représentatif.

C'était là, assurément, une œuvre libérale et à laquelle eussent dû applaudir tous les amis sincères de la liberté. Mais cette royauté, dont le chef comprenait si bien les besoins nouveaux, avait contre elle d'invincibles rancunes et d'indestructibles préjugés.

Elle se présentait comme la continuation d'une monarchie dont l'histoire et la grandeur avaient été l'histoire et la grandeur mêmes de la France. Elle comprenait et acceptait ce que, avant ses emportements et sa rébellion ouverte, avait pu présenter de juste la transformation de 1789, puisqu'elle consacrait l'égalité civile et, comblant, par son généreux pardon, l'abîme d'un passé plein de sang et de crimes, se mettait à la tête de la nation pour la conduire à la conquête pacifique de la liberté.

Mais, pour les hommes qui avaient trempé dans la Révolution, ce n'était pas là ce qu'il fallait. Ils voulaient, au contraire, que cette date de 1789 ne fût point le signal de la fusion des divers éléments dont la nation avait été précédemment composée ; mais bien le signal du triomphe violent d'une partie de la nation sur l'autre. Ils voulaient que, rompant avec un passé glorieux, la France ne datât que de cette époque ; et que non-seulement les lois et les institutions fussent renouvelées ; mais encore qu'on rejetât la Dynastie qui avait fait la grandeur du pays avec d'autres lois et d'autres institutions. Cette constitution même que la France ne demandait pas et que le Sénat réclamait, sans avoir aucun droit de représenter la nation, n'avait d'autre but que de lier les mains à la Royauté restaurée, de laisser le pouvoir aux hommes de la Révolution et de leur fournir les moyens d'amener une seconde fois la chute de la monarchie.

Aussi, tandis qu'un immense cri de joie s'élevait, d'un bout de la France à l'autre, pour saluer le retour des Bourbons, un parti, peu nombreux il est vrai, mais ardent dans sa haine, se préparait d'avance à les combattre. Ce qui restait des hommes de 93, qui n'avaient supporté qu'en frémissant la période impériale et n'avaient pu être contenus que par une main de fer, formèrent le noyau de ce parti. Il fut bientôt renforcé des anciens serviteurs de l'Empire qui avaient perdu les emplois qu'ils occupaient dans la maison civile de l'Empereur ; de tous les fournisseurs que la guerre faisait vivre ; et, par dessus tout, de cette portion nombreuse d'officiers qui, revenus des prisons ou des places de guerre où ils étaient restés bloqués après l'évacuation de l'Allemagne, n'avaient pu trouver place immédiatement dans les cadres de l'armée, forcément réduite par le retour de la paix et les lourdes charges laissées par le gouvernement impérial. Enfin ce parti opposant fut encore grossi d'une foule de jeunes gens qui, entrant dans la vie politique avec de grandes capacités et des ambitions plus grandes encore, n'espéraient assouvir ces ambitions qu'à la faveur d'une révolution qu'ils entreprirent dès lors de préparer. Ces dispositions d'hostilité ne firent que s'accroître encore. après la seconde Restauration qui suivit les Cent-Jours.

Entre les mains de ces hommes irréconciables, tout devint une arme contre le gouvernement nouveau. Ses actes furent dénaturés, ses intentions suspectées, ses moindres fautes changées en crimes ; et les libertés mêmes qu'il avait accordées, au lieu de tourner, par un usage loyal et sincère, au profit de la nation, ne servirent qu'à fournir aux ennemis du trône les moyens de le miner lentement. Tout concourut à cette guerre implacable : le théâtre, la presse, les discussions de la tribune et la propagande des sociétés secrètes ; jusqu'à ce qu'enfin ces hommes qui, comme ils l'ont avoué depuis avec un cynisme éhonté, *avaient joué la comédie pendant quinze ans*, achevassent, par l'émeute de 1830, leur œuvre de mauvaise foi, de haine et de destruction.

Mais à tout parti il faut un mot d'ordre et un drapeau. Le mot de République eût effrayé le plus grand nombre : les souvenirs sanglants de 93 étaient encore trop récents. L'Empereur, prisonnier à Sainte-Hélène, était trop éloigné pour qu'on songeât à lui ; et, d'ailleurs, à part quelques anciens compagnons de sa gloire, personne ne désirait son retour. L'Orléanisme, qui déjà préparait l'usurpation de la branche cadette, n'était pas assez fort et avait trop d'intérêt à suivre des voies tortueuses pour se démasquer dès le principe et avouer ostensiblement son but. Le mot de ralliement, pour les ennemis de la Restauration, fut la Liberté. Cette formule vague, que chacun fut maître d'interpréter suivant ses espérances, permit aux Libéraux de saper le pouvoir, d'autant plus sûrement qu'ils n'attaquaient pas ouvertement son principe, et que beaucoup de royalistes qui eussent énergiquement défendu la monarchie, s'ils l'eussent vue menacée, suivaient la politique de ses ennemis, croyant de bonne foi servir la cause de la Liberté sans attaquer le trône.

On sait le succès de leurs efforts : Une royauté

bâtarde remplaçant l'antique et glorieuse royauté héréditaire ; une génération d'hommes nouveaux envahissant les places que la fidélité au souverain exilé ou le dégoût pour son successeur avait faites vacantes ; un règne de dix-huit ans qui n'a rien laissé après lui ; car l'honneur de la grande et importante conquête de l'Algérie revient à Charles X. Ce n'est pas le gouvernement de Juillet qui eût osé concevoir et exécuter une pareille entreprise, en dépit des remontrances de l'Angleterre, lui que nous avons vu, lâchement courbé devant cette nation, faire tous ses efforts pour abandonner la terre d'Afrique dont la possession nous est si enviée : il n'a reculé dans cette voie honteuse que devant l'opposition de l'opinion publique.

Ainsi, comme on ne saurait trop le répéter, pour rendre hommage au passé et pour repousser les attaques incessantes dont ce passé glorieux est l'objet, notre France doit tout son territoire aux alliances, aux traités, ou enfin aux conquêtes de ses rois légitimes ; car, malgré nos longs et brillants succès, il ne nous est rien resté des victoires de la République et de l'Empire, dont la gloire est demeurée stérile (1).

Non-seulement il ne nous est rien resté ; mais encore, après ces luttes sanglantes qui nous ont coûté plus d'un million d'hommes, l'épuisement du trésor public et l'humiliation de la défaite, nous avons perdu la plus grande partie de nos colonies et une portion de notre ancien territoire ; nous avons été contraints d'abandonner Landau, ce chef-d'œuvre de Vauban ; et Châteaubriand a pu dire avec raison : « Si l'on faisait une liste des « princes qui ont augmenté les possessions de la « France, Bonaparte n'y figurerait pas ; Charles X « y occuperait une place remarquable. »

Mais, revenons à notre sujet et constatons que, dans tous ces changements de personnes et dans cette attitude nouvelle vis-à-vis de l'Étranger, la

(1) Nous ne tenons pas compte ici de l'annexion récente de Nice et de la Savoie. Il faut qu'une conquête soit consacrée par le temps pour devenir définitive ; et l'exemple du premier empire nous prouve qu'une extension de territoire peut n'être qu'un accroissement momentané. Il faut, selon un proverbe arabe, « attendre le soir pour dire que la journée a été belle. » Nous dirons de même : Il faut attendre la fin d'un règne pour juger sainement de ses résultats.

dignité de la nation eût à perdre et la Liberté, au nom de qui tout s'était fait, n'eut rien à gagner.

II.

Telle est l'origine du Libéralisme, telles ont été ses œuvres jusqu'en 1830. Depuis cette époque, quoique dans des conditions bien différentes, son hostilité est restée la même contre l'ancienne Royauté. Ceux des Libéraux qui, après Juillet, eurent part à la curée, se firent conservateurs ; tandis que les espoirs déçus, les ambitions inassouvies, et peut-être aussi, dans le nombre, quelques esprits de bonne foi, continuèrent la guerre au pouvoir, avec la forme républicaine pour but et pour aspiration ; mais les uns et les autres restèrent unis, en conservant le nom de Libéraux, contre les Royalistes qu'ils avaient renversés et qui, pour eux, étaient toujours l'ennemi commun. Les partisans de la branche aînée, devenus *les Légitimistes* (car les amis du nouveau régime étaient aussi des royalistes, à leur manière, et il fallait une désignation nouvelle,) furent en butte aux mêmes attaques, aux mêmes calomnies que pendant le temps de leur puissance. La lutte prit un caractère rétrospectif ; mais elle ne cessa pas pour cela, et elle se perpétue encore aujourd'hui. Le passé a été dénaturé, faussé, travesti, suivant les besoins de la cause. Au milieu de la foule d'allégations mensongères et de préjugés qui sont passés dans les idées, à force d'être répétés, l'homme le moins prévenu, le plus impartial, ne sait où prendre la vérité : on a beaucoup menti, et il en est, hélas ! beaucoup resté.

En même temps que, à la honte de tout ce qui porte le nom de Français, notre histoire nationale était ainsi falsifiée, que l'ancienne monarchie était vilipendée, les hommes de la Révolution ne cessaient de battre en brèche le Catholicisme, fidèles en cela au système de leurs devanciers qui, il y a un siècle, avaient préparé, par leurs attaques contre la religion chrétienne, la ruine de notre antique société.

Après avoir ainsi fait table rase de tout ce que nos pères avaient servi et honoré, après avoir jeté l'incertitude dans tous les esprits, le trouble dans toutes les consciences et bouleversé les notions du juste et de l'injuste, l'esprit révolutionnaire pouvait se permettre toutes les audaces ; aussi vit-on successivement attaquées jusqu'aux institutions qui avaient toujours été regardées comme les fondements mêmes de toute société. Ces témérités, restreintes sous le règne de Louis-Philippe à quelques écrivains, prirent un libre essor durant la république de 1848. De quelques ouvrages philosophico-humanitaires, elles passèrent dans la presse, dans les brochures, sur la scène, à la tribune même ; et se vulgarisèrent sous la plume et par la bouche des apôtres de la démagogie la plus effrénée. La propriété fut qualifiée de vol, la famille devint une confiscation anti-sociale des enfants ; et Dieu même (qu'on nous pardonne de répéter ce blasphème) Dieu fut déclaré le mal !

A côté des écrivains dont les ouvrages, présentés sous une forme philosophique, s'adressaient aux intelligences, combattait et combat encore une nuée de romanciers et d'auteurs dramatiques qui sont comme les troupes légères de la grande armée anti-sociale. Reprenant les idées que les philosophes avaient émises à l'état de théories, ils les ont, pour ainsi dire, mises en action ; et, en les présentant sous une forme attrayante et facilement saisissable, ils les ont fait entrer dans les masses. Prenant le contre-pied de tout ce que la société avait cru jusqu'ici, il n'est pas une laideur morale qu'ils n'aient embellie, pas une passion qu'ils n'aient légitimée, pas un vice qu'ils n'aient réhabilité.

Si quelques-uns ont tenté de réagir contre un débordement aussi funeste, si quelques bons romans, quelques bons ouvrages dramatiques sont sortis de plumes honnêtes, ce n'a été qu'une note isolée au milieu du concert général, qu'une voix généreuse étouffée par la clameur universelle. Nous ne prétendons point rendre tous les Libéraux responsables du mal qu'ont fait les plus avancés de leur parti et nous ne voulons point les dépeindre tous comme les ennemis de la société. Un grand nombre d'entre eux, au contraire, sont profondément intéressés à sa conservation et seraient, nous en sommes convaincus, les premiers à la défendre, s'ils la croyaient réellement menacée.

Mais qu'ils le sachent, ces juste-milieu de la

Révolution, leur libéralisme bourgeois est plus qu'une erreur : c'est une inconséquence. Tandis que, satisfaits du présent, sans souci de l'avenir, ces hommes tenaient leurs yeux fixés en arrière, effrayés du fantôme d'un passé dont ils craignaient le retour, et en combattaient jusqu'au souvenir avec une astuce qu'ils croyaient habile, les auxiliaires qu'ils étaient allés chercher dans les bas-fonds de la société, n'ayant pas, comme eux, les satisfactions du moment, les ont dépassés, sont devenus leurs maîtres et commencent à les faire trembler.

Pour ces nouveaux venus, il ne s'agit plus, en effet, de telle ou telle dynastie, de telle ou telle forme de gouvernement ; il s'agit de l'abandon de tous les principes qui ont jusqu'ici servi de base à la société et favorisé son heureux développement. Il s'agit de la transformation de cette société en un autre état social, d'autant plus effrayant, que ceux-mêmes qui veulent l'établir ne peuvent nous dire d'avance ce qu'il sera.

Le danger ne paraîtra peut-être pas aussi pressant à tous nos lecteurs. Le pouvoir qui nous régit a réprimé toutes les manifestations violentes de l'esprit subversif et l'état social fonctionne régulièrement avec une apparente tranquillité ; mais qu'on lise avec attention tout ce qui s'imprime, qu'on écoute, de tous côtés, ce qui se dit ; on sera bientôt convaincu que les démolisseurs n'ont fait que changer de tactique, et que, s'ils ont renoncé, pour un temps, à triompher par la force, ils n'en continuent pas moins de miner l'édifice, par une lente infiltration de leurs doctrines.

Il y a plus, le besoin de haine et de destruction qui est l'essence même de l'esprit révolutionnaire, semble, de nos jours, entrer dans une phase nouvelle et prendre une direction unique. Il concentre tous ses efforts contre le Catholicisme et son auguste Chef. La Révolution semble, en ce moment, dominée par l'horreur de la religion, horreur qu'elle a toujours montrée unie à la rébellion contre l'autorité. Elle veut se retremper à la source impure de l'irréligion et de l'athéisme et y puiser, pour renverser notre société actuelle, les forces dissolvantes qui lui permirent de renverser, il y a un siècle, un ordre de choses appuyé sur un passé immémorial.

C'était le terme inévitable de la révolution : partie de la négation, elle devait retourner à la négation. Partout l'expansion des idées révolutionnaires se montre accompagnée du développement des sentiments d'égoïsme, d'indépendance et d'insubordination, de l'affaiblissement du respect filial, du relâchement des liens de la famille; en un mot, des symptômes les plus significatifs de désorganisation morale et sociale. Dès lors, ne devient-il pas manifeste que la Révolution n'est pas seulement un mouvement politique ; mais plus encore un mouvement anti-social et anti-religieux ?

Essayons donc de pénétrer le but vers lequel ce mouvement nous entraîne, examinons quelques-uns des principes de nos adversaires, voyons la signification qu'ils leur donnent et établissons la manière dont nous les comprenons nous-mêmes.

Cet examen nous permettra de reconnaître qu'il y a trois parts à faire dans les maximes de la Révolution. Nous rencontrerons, çà et là, quelques vérités qui se trouvent comme égarées au milieu d'une multitude d'erreurs. Mais il nous sera facile de constater que ces vérités n'appartiennent point à la Révolution, qu'elles avaient été proclamées longtemps avant elle par l'Église ; et que, si elle les a dérobées au Catholicisme, c'est qu'elles ne pouvaient être méconnues , qu'elles étaient imprescriptibles et qu'elles tenaient aux entrailles mêmes de l'humanité. Nous rencontrerons ensuite des lambeaux de vérités tronquées, défigurées, ou souillées par un alliage impur et ne servant plus qu'à donner aux théories révolutionnaires cette apparence spécieuse qui, seule, leur permet de se soutenir. Nous trouverons enfin les erreurs impudentes et les utopies effrontées, sans aucun mélange de vérité. Ce dernier lot appartient en propre à la Révolution et elle peut revendiquer ces embryons imparfaits et ces enfantements difformes, comme sa véritable création.

CHAPITRE DEUXIÈME.

LA PERFECTIBILITÉ & LE PROGRÈS INDÉFINI.

Ce n'est pas d'aujourd'hui que l'homme, révolté contre une puissance supérieure, entreprend de légitimer ses passions et les égarements de son cœur, par les sophismes de sa raison. La Révolution n'est qu'une manifestation nouvelle, la plus générale, il est vrai, et la plus redoutable, de cet esprit aussi ancien que l'humanité.

La notion de Dieu ayant été détruite ou, du moins, réduite à l'Être indifférent du déisme, par les philosophes révolutionnaires, la Providence, telle que nous l'entendons, c'est-à-dire, Dieu veillant aux choses de ce monde et les modifiant par une intervention tantôt occulte, tantôt manifeste, n'existe pas pour eux. L'homme demeure ainsi, selon eux, maître absolu de sa destinée ici-bas ; et, n'ayant rien à attendre au-delà de cette vie, ou, du moins, fort incertain de ce qu'il lui faut craindre et de ce qu'il peut espérer, il doit chercher son ciel sur la terre ; et, par conséquent, tout mettre en œuvre pour y rendre son séjour aussi heureux que possible.

Toutes les doctrines révolutionnaires partent implicitement de cette négation religieuse. N'admettant d'autre règle que la raison humaine, la Révolution fait tout reposer sur des théories auxquelles elle plie les faits, sans tenir compte d'aucun droit acquis ni d'aucune tradition. Aussi va-t-elle jusqu'à dire que tout gouvernement, toute société, toute législation, qui ne semblent pas favoriser suffisamment le bonheur de l'humanité, peuvent et doivent être transformés ; et que les gouvernements et les sociétés n'existent qu'en vertu d'un pacte que les parties contractantes demeurent toujours libres de modifier ou de briser.

Cette proposition est l'essence même du contrat social de Rousseau et elle contient en germe tous les principes révolutionnaires.

Une telle doctrine suppose implicitement que l'homme est né bon, sans passions et sans défauts. Aussi, en présence des désordres moraux qui désolent le monde et qu'on ne peut méconnaître, à moins de fermer volontairement les yeux à la lumière, les partisans de cette doctrine en sont-ils réduits, pour disculper l'homme, à rejeter leur blâme sur la société, qui, par son organisation défectueuse, pervertit l'individu, développe ses vices et fausse ses conditions naturelles.

Mais, bien qu'ils s'accordent dans une haine commune de la société, les révolutionnaires se divisent ici en deux camps. Les plus radicaux reconnaissent qu'il y a des actes appelés les uns bons et les autres mauvais ; mais ils nient que ces dénominations soient justifiées ; et ils déclarent qu'il n'y a ni bien ni mal, ou plutôt que le bien et le mal sont égaux. Cette théorie monstrueuse, fille de la philosophie Hégélienne qui proclame l'identité des contraires, affranchit d'un seul coup les sociétés aussi bien que les individus de tout lien et de toute responsabilité morale.

Les autres, plus timides, ne peuvent s'empêcher de reconnaître que, dans le présent, l'humanité est imparfaite ; mais, non moins aveugles, ils se gardent bien d'attribuer ses défauts à un vice originel. Loin de là, ils ont inventé le dogme de la perfectibilité ; et, remplaçant l'individu par l'espèce, ils ont prédit à *l'Humanité* un progrès continu qu'ils ont qualifié *d'indéfini*, n'osant prononcer le mot d'infini. Toutes les théories dont la réalisation est manifestement impossible dans le présent ont été promises à l'avenir, et doivent trouver leur application au moment où ce progrès sera assez avancé pour les rendre praticables.

Cette rêverie des révolutionnaires, si bien faite pour leurrer les hommes dont elle flatte la vanité, se trouve merveilleusement favorisée par le développement qu'ont reçu de nos jours le bien-être matériel et la prospérité publique. Notre époque a vu certaines sciences agrandir subitement leur domaine ; et surtout tirer, de principes déjà connus, des conséquences aussi merveilleuses qu'inattendues. Elle a vu surgir la vapeur, l'électricité dynamique et autres agents nouveaux, qui ont singulièrement étendu l'action de l'homme sur la nature et modifié profondément les conditions de son existence. Certes, ce grand ensemble de transformations et d'améliorations physiques a bien de quoi frapper et éblouir les imaginations. Il y a là de l'activité, du mouvement, de la vie : c'est plus qu'il n'en faut pour faire crier au progrès ; et la rapidité avec laquelle les innovations se précipitent, permet de tout attendre d'un avenir *indéfini*, quand, en trente ans seulement, on a vu tant de changements s'accomplir.

Pour nous, qui songeons à nous éclairer plutôt qu'à nous laisser éblouir, examinons ce progrès au fond et non à la surface ; et tâchons de montrer, à côté de ce qu'il a de réel, ce qu'il présente de spécieux.

Commençons par bien fixer le sens du mot progrès ; car la netteté et la droiture du langage sont les instruments les plus précieux du raisonnement. Si la Révolution a besoin d'obscurcir et de fausser le sens des mots, pour rendre acceptables ses sophismes, nous qui, sans adorer la raison, comme le font nos adversaires, avons la prétention de la mieux servir qu'eux, nous avons tout intérêt à restituer aux expressions leur véritable sens et leur sincérité.

Progrès *(Pro-gressus)* veut dire *pas en avant.* Pour qu'il y ait progrès, il ne suffit donc pas qu'il y ait mouvement, il faut encore que ce mouvement soit dirigé en avant; pour pouvoir dire que l'humanité progresse, il ne suffit pas de constater que le *Monde marche,* il faut encore s'assurer que, dans sa marche, il ne revient point sur ses pas.

Champions du Libéralisme, apôtres de la Démocratie, rhéteurs de la Révolution, vous nous accusez d'être des retardataires et vous vous donnez vous-mêmes comme les promoteurs du progrès : nous acceptons *le Jugement de Dieu,* que chacun fasse montre de ses œuvres.

Alors que l'ancien monde Romain s'écroulait sous le fardeau de ses vices intérieurs et sous l'effort des hordes barbares, nous l'avons sauvé de lui-même et de ses vainqueurs ; nous avons régénéré sa faiblesse en lui donnant, à la place de sa corruption, la pureté chrétienne ; et nous avons empêché les Barbares d'en faire curée, en courbant leurs fronts sous l'eau sanctifiante du baptême. Ce qu'il avait conservé de civilisation au milieu de ses désordres et de ses revers, c'est nous qui l'avons recueilli, qui l'avons apporté, en le développant, à travers les âges, et qui l'avons légué au présent. C'est l'Église, mère de notre grande famille chrétienne, qui a affranchi l'esclave , émancipé la femme, sanctifié la famille, relevé l'autorité paternelle, en la dépouillant de ce qu'elle avait de brutal dans le droit romain, ennobli le travail par l'exemple d'un Dieu, protégé les petits et résisté aux grands. Elle a fait plus, elle a appris aux puissants à se faire les serviteurs des faibles : c'est sous son inspiration qu'on vit les plus grands personnages renoncer à tout pour se consacrer au soulagement du malheur et de la souffrance ; et un Roi de France lui-même ne pas craindre de donner ses soins à des lépreux. Elle a mis en relation les peuples que séparaient des barrières infranchissables ; elle a préparé, elle a fait la civilisation et remplacé les vieilles haines de race par une émulation qui n'exclut pas la fraternité. Tout le passé nous appartient avec ses joies, ses gloires, ses triomphes, ses espérances ; et c'est avec ce cortége de souvenirs et de grandeurs que nous arrivons au présent et que nous marchons vers l'avenir, dans lequel même nous avons à offrir aux peuples une espérance d'immortalité confirmée par une promesse divine.

Voilà notre actif, voyons le vôtre.

Au milieu des idées que vous avez introduites dans le monde, quelle vérité avez-vous apportée aux hommes ? Nous en voyons beaucoup que vous avez obscurcies ; nous n'en voyons pas que vous ayez proclamée. Vous naissez d'hier ; vous avez encore les pieds dans le sang qu'ont versé vos pères, pour assurer le triomphe des prétendues vérités dont ils se disaient les révélateurs ; et déjà ces idées sont caduques et décrépites. Il vous faut, pour les soutenir, remplacer, par les subtilités et les violences du langage, la clarté et la modération qui sont la règle de toute discussion convaincue.

Ah ! nous le savons, vous nous vanterez les merveilles de la science et de l'industrie et vous tenterez d'étouffer sous les jouissances matérielles le cri de l'âme et de la conscience qui demandent invinciblement la vérité. Mais le vrai progrès est celui qui s'accomplit dans l'homme même. Or toutes les améliorations que vous nous étalez avec une si orgueilleuse complaisance s'accomplissent auprès de l'humanité et non en elle : ce n'est pas le progrès de l'homme, ce n'en est que le simulacre (1). Il y a plus, tandis que tout, autour de l'homme, s'embellit et se perfectionne, lui-même semble condamné à la décadence.

Dans l'ordre matériel, nous voyons sa taille di-

(1) La prédilection avec laquelle les hommes supérieurs de notre temps s'adonnent à la découverte des vérités de l'ordre physique, et l'importance qu'attache l'opinion aux améliorations agricoles et industrielles qui en sont la conséquence, ont trop fait perdre de vue les progrès qu'obtiendrait l'humanité par une meilleure culture des vérités morales. Un peuple grandit moins en perfectionnant la production des objets nécessaires à ses besoins, qu'en s'appliquant à contenir ses appétits et à pratiquer le bien. Les développements de l'activité physique sont toujours bornés par l'étendue du sol, par la force des bras et par la quantité de matières à ouvrer, tandis que l'essor des facultés de l'âme est véritablement sans limites. (Le Play. *La réforme sociale en France.* Introduction, § II).

minuer graduellement de génération en génération, tellement qu'afin d'obtenir un nombre de jeunes gens suffisant pour le recrutement annuel de l'armée, on a été, plusieurs fois, obligé d'abaisser le minimum de taille exigé antérieurement. Nous voyons aussi diminuer la longévité. La moyenne de la vie humaine s'est élevée, il est vrai, mais par en bas, en ce sens que la salubrité croissante de nos habitations et de notre alimentation permet de prolonger, de quelques années, l'existence de petits êtres nés chétifs et malingres qui seraient morts en bas-âge avec une éducation plus rude. Aujourd'hui, grâce aux précautions dont on entoure leur faiblesse, ils parviennent à se traîner jusqu'à l'adolescence, pour mourir au moment même où la vie s'ouvre devant eux. Mais cette augmentation de la moyenne n'est qu'artificielle et ne profite en rien à la vraie humanité, c'est-à-dire à celle qui atteint la virilité et qui la prolongeait, autrefois plus qu'aujourd'hui, jusqu'à une extrême vieillesse.

Dans l'ordre moral, les statistiques nous révèlent une progression toujours croissante de suicides et d'aliénations mentales qui atteste que le progrès du luxe, du bien-être et des jouissances n'a rien fait pour l'esprit et le cœur de l'homme, et qu'il ne suffit pas pour lui donner le bonheur.

D'ailleurs, ce progrès matériel, dont vous prétendez vous approprier tout le mérite, ne vous appartient pas plus qu'à nous. Ce n'est pas la démocratie, que nous sachions, qui a opéré et appliqué les belles découvertes de notre époque, et il serait plaisant qu'elle voulût se décerner le monopole des grandes inventions. Nous applaudissons, comme vous, à tous les prodiges modernes. Nous admirons, comme vous, les chemins de fer, le télégraphe, la galvanoplastie, la photographie, le gaz, etc. Nous applaudissons surtout au perfectionnement de l'hygiène publique et à l'amélioration du sort des classes ouvrières, qui font tant pour la société. Mais tout en approuvant le progrès matériel, en ce qu'il a de salutaire, nous n'allons pas, comme vous, jusqu'à l'adorer. Quelque précieux que soient ses dons, nous ne pouvons le regarder comme la fin dernière de l'homme ; nous ne pouvons accepter votre théorie de l'humanité marchant vers une destinée collective, en ne suivant d'autre religion que le culte du progrès matériel. Sa vrai fin, son vrai terme, c'est le progrès moral qui, en permettant à chaque homme de s'améliorer lui-même, améliorera toute la société. Or, sous ce rapport, vous constatez vous-mêmes votre impuissance, en promettant ce progrès à l'avenir, au lieu de l'accomplir dans le présent ; vous mentez à la philosophie en le faisant découler du progrès matériel (1); et il faut, pour que

(1) Les améliorations introduites de nos jours dans l'ordre matériel, ont conduit des esprits ardents ou inattentifs à penser que de pareils succès leur étaient réservés dans l'ordre moral. A une époque où des lois physiques, plus vraies et plus complètes, remplacent, avec l'assentiment unanime des savants, les lois admises depuis le temps d'Aristote, quelques-uns se persuadent volontiers qu'une révolution analogue doit s'accomplir dans les lois morales.

Cette assimilation est une des erreurs de notre époque, et il est d'abord facile de constater qu'elle n'est nullement justifiée par les faits.

Les travaux qui se rattachent aux sciences physiques, convergent tous vers certaines vérités nouvelles que le public adopte avec déférence, et dont il ne tarde pas à faire son profit. Les innovations qui se font jour dans le domaine des sciences morales, restent, au contraire, entièrement stériles, et elles sont toutes, après une courte période d'agitation ou de scandale, condamnées à l'oubli.

Les peuples civilisés se servent usuellement des inventions faites

vous fassiez encore des dupes, l'étrange confusion entre l'ordre moral et l'ordre physique que vous avez si bien travaillé à établir.

Ce progrès moral, le plus noble et le plus nécessaire, n'est point pour nous dans un avenir nuageux et *indéfini*. Nous en avons vu l'idéal sur la terre : c'est l'Homme-Dieu. Mais vous le repoussez, comme les Juifs le repoussèrent, parce qu'il représente l'humilité, la douceur et la patience ; et que, comme eux, vous voulez un Messie temporel, représentant l'orgueil, la domination et la force.

Ce grand Révélateur n'a point dit à l'homme qu'il fut parfait dans son origine ; il lui a enseigné au contraire, qu'il était né perverti et coupable ;

dans les sciences physiques, et, sous cette influence, ils développent le domaine de l'intelligence, les ressources de l'industrie, le bien-être des populations. Mais, malgré de persévérantes recherches, je n'ai pu découvrir en Europe une société qui ait adopté et mis en pratique une seule des innovations proposées de notre temps dans l'ordre moral. Et, si quelque résultat peut être constaté à la suite des efforts faits, dans cette voie, chez certains peuples, c'est toujours un affaiblissement des forces productives, et une recrudescence de l'antagonisme social. (LE PLAY. *La réforme sociale en France*. Introduction, § III).

mais il lui a donné, en même temps, les moyens de se racheter et de se perfectionner en l'imitant. Il n'a point fait appel à l'amour des jouissances ; mais il a appris à l'homme à s'en passer. Il ne lui a point promis de bonheur parfait sur cette terre, il l'a averti, au contraire, qu'il n'y rencontrerait que des traverses ; mais il lui a donné lui-même l'exemple de la résignation à des maux passagers, et l'a relevé par la promesse d'une vie future, d'un bonheur qui n'aura pas de fin.

Vainement vous voudriez fermer ce ciel, vainement vous voudriez le faire descendre sur la terre. En admettant que l'humanité fût appelée à jouir un jour de cette félicité sans nuages que vous lui promettez, votre béatitude terrestre ne pourrait remplacer celle que nous attendons dans une autre vie, que nos pères ont espérée et pour laquelle ils ont travaillé. Vous n'avez aucun dédommagement à offrir à tant de générations qui ont disparu depuis des siècles et qui auront été frustrées de votre bonheur à venir, parce qu'elles auront eu le tort de naître trop tôt. Vous aurez beau dire que l'humanité ne meurt pas et que vous reversez sur elle ce que vous ne pouvez donner à l'homme ; l'espèce n'est qu'une abstraction générale des individus ; et, plus vous promettez aux générations futures, plus vous êtes injustes envers les générations passées.

Qu'importent vos destinées collectives à ceux qui, une fois endormis dans la solitude de la tombe, verront tout fini pour eux. Ne sentez-vous pas que votre doctrine, loin de tendre à l'unité collective, isole au contraire les hommes que mille intérêts divisent sur la terre, et qui n'auront plus l'espoir de se trouver réunis dans une même patrie, où tous les antagonismes s'apaisent dans un commun bonheur ? La vraie destinée collective de l'humanité, c'est le ciel, où il n'y aura plus ni races, ni peuples, où les hommes de tous les temps et de tous les climats se trouveront rassemblés au pied du trône de leur chef et de leur guide, de la personnification vivante de l'humanité, de l'homme parfait, de l'Homme-Dieu !

Et vous appelleriez progrès la perte d'une telle espérance, vous appelleriez progrès une civilisation sans croyances et sans Dieu, bornée par les horizons étroits de cette vie, sans autre avenir que les joies de la terre , toujours si incomplètes et si mélangées d'amertume ! Mais cette conception que vous nous donnez comme une nouveauté, nous l'avons déjà vue. Sous les ajustements modernes dont vous essayez de la rajeunir, sous le fard dont vous plâtrez son vieux visage, nous la reconnaissons : c'est la civilisation païenne. C'est à elle que vous voulez nous ramener. Vous voulez nous donner, pour aspiration, ses jouissances effrénées, pour culte, l'humanité s'adorant elle-même dans César couronné ou dans le Peuple souverain.

Votre prétendu progrès est un retour en arrière de dix-huit siècles !

Les retardataires, c'est vous !

CHAPITRE TROISIÈME.

LA SOUVERAINETÉ POPULAIRE & LE SUFFRAGE UNIVERSEL.

Le double but de la Révolution étant, comme nous l'avons déjà indiqué, d'affranchir les peuples de toute autorité religieuse et de toute autorité politique, son effet immédiat doit être de diviser les groupes réunis en sociétés et en nations, sous la conduite de ces deux autorités ; et d'éparpiller l'humanité en individus absolument égaux, puisqu'aucun ne commande ; et absolument libres, puisque chacun n'a d'autre règle que sa propre volonté.

Mais un système dans lequel les individus ne

seraient liés par des devoirs, ni envers un pouvoir supérieur, ni réciproquement entr'eux, serait un retour à l'état sauvage ; état dans lequel chacun se suffit à soi-même, sans rien recevoir de ses semblables et aussi sans rien leur apporter. Or, dans un pays déjà peuplé et civilisé, une telle organisation, ou plutôt une telle désorganisation est impossible. Il faut forcément une société ; et il n'y a point de société sans des devoirs réciproques et sans une autorité qui veille à leur accomplissement et réprime les infractions qui pourraient leur porter atteinte.

Mais les hommes étant affranchis de toute autorité, ce pouvoir dont ils ont besoin pour les régir, ne peut prendre sa source que dans l'humanité elle-même et ne peut être que le résultat de son entente. Par suite, le gouvernement n'est que le délégué de la nation ; et le véritable souverain, c'est le peuple, soit qu'il gouverne lui-même, comme à l'Agora et au Forum, soit qu'il abdique, pour un temps, ses droits entre les mains d'un homme qui n'en est que le dépositaire. En conséquence, tout pouvoir qui ne repose pas sur le consentement unanime du peuple, ou, tout au moins, sur la volonté de la majorité, est une usurpation que la nation a le droit de briser.

Tel est le principe de la Souveraineté populaire, emprunté au Contrat social de Rousseau qui, lui-même, avait trouvé en germe toutes ces idées dans les écrits des protestants du XVIe et du XVIIe siècle.

Distinguons d'abord entre deux principes que l'on confond trop souvent : entre la Souveraineté du Peuple et le Suffrage universel.

La Souveraineté populaire infirme tout pouvoir qui n'est pas conféré par la nation elle-même.

Le Suffrage universel, au contraire, peut s'exercer, quelle que soit l'origine de l'autorité, pour élire les divers fonctionnaires qui servent, appuient, ou même contrôlent cette autorité.

I.

Nous admettons que, dans certaines circonstances, quand un trône est devenu vacant, quand une série de révolutions ont détruit les fondements et obscurci les notions de toute autorité, le vœu national appelle au pouvoir un homme ou une dynastie, et nous reconnaissons que, de toutes les manières de s'élever au pouvoir, celle-là est la plus loyale et la mieux justifiée. C'est ainsi qu'à la fin du xe siècle, alors que le régime féodal, cette grande fédération guerrière, suivant l'expression de M. Guizot, nécessitait un pouvoir énergique et guerrier lui-même, et que la décadence et l'abâtardissement où était tombée la race Carlovingienne la rendait incapable de soutenir le poids de ce pouvoir, le vœu de la nation remit à Hugues Capet la couronne de France.

Mais, entre l'appel au pays, motivé par certaines nécessités, et la Souveraineté populaire érigée en principe, il y a un abîme; et nous ne pouvons admettre, en théorie, la volonté du Peuple comme la seule source et le seul fondement de l'autorité; car, si cette volonté devenait dépravée, un tel principe suffirait pour légitimer tous les excès. C'est bien ce que disait, dès le XVIIe siècle, Jurieu, ministre protestant de Genève, qui avait, avant Rousseau, proclamé le principe de la Souveraineté populaire; et il ne craignait pas de formuler ainsi sa doctrine : *Le peuple n'est pas obligé d'avoir raison.*

Nous ne l'avons que trop éprouvé en 1793, quand nous avons vu une poignée de scélérats s'emparer du pouvoir, en égarant le peuple ; épouvanter la France de leurs crimes, en invoquant le nom de la loi ; noyer dans des flots de sang, arrachés au peuple plus encore qu'à la noblesse, notre ancienne monarchie qui s'était montrée, de tout temps, la tutrice des classes populaires ; et souiller, d'une tache ineffaçable, cette époque de notre histoire qui s'annonçait si grande à l'ouverture des États-Généraux.

Après les protestations générales qui n'ont cessé, depuis soixante-douze ans, de se produire contre la mémoire odieuse de ces monstres, justement flétris du nom de *terroristes,* on reste stupéfait, en entendant les voix qui s'élèvent aujourd'hui pour essayer de les réhabiliter, en glorifiant leurs épouvantables forfaits. Il faut que le sens moral soit bien abaissé dans notre pays, puisqu'il se rencontre des hommes assez osés pour entreprendre une telle apologie !

Qu'ils n'espèrent pas réussir, pourtant : jamais ils ne feront prévaloir leurs louanges honteuses contre l'horreur invincible qu'inspire le souvenir de ceux qu'ils ont l'affreux courage d'appeler leurs pères. Tout ce qui, en France, conserve le moindre sentiment de justice et d'humanité repousse, avec dégoût, ces tentatives qui font injure à la conscience, et partage, à l'égard des hommes hideux de la terreur, la noble et légitime indignation de Châteaubriand. Qu'on écoute le grand écrivain : « Jamais le meutre ne sera à mes yeux un « objet d'admiration et un argument de liberté ; « je ne connais rien de plus servile, de plus mé« prisable, de plus lâche, de plus borné qu'un « terroriste. N'ai-je pas rencontré en Fran« ce toute cette race de Brutus au service de « César et de sa police ? Les niveleurs, régénéra« teurs, égorgeurs, étaient transformés en valets, « en espions, sycophantes, et moins naturelle« ment encore en ducs, comtes et barons. »

Nous le répétons donc : nous ne pouvons admettre la Souveraineté populaire comme le seul fondement de l'autorité. Du reste, même en admettant théoriquement le principe, l'application pratique, se produisant, non plus comme un fait isolé commandé par les circonstances, mais fonctionnant d'une manière régulière, et formant le ressort même des gouvernements, l'application pratique, disons-nous, en serait impossible. En effet, comment, à quelles occasions, par qui la nation serait-elle appelée à faire connaître sa volonté ? La forme du gouvernement serait-elle laissée à son arbitraire ? Pourrait-elle à son gré faire succéder une république à une monarchie ; un empire à une république ; conférer une royauté individuelle, une sorte de dictature à vie ; prolonger la durée de cette royauté pendant une ou plusieurs successions héréditaires ? Voilà une foule de questions qui surgissent à l'instant auprès du principe et auxquelles il est impossible de donner une solution satisfaisante.

Pour être conséquent avec soi-même, il faut admettre que la forme des gouvernements est laissée au choix de nation ; puisque tout pouvoir n'a de valeur qu'à condition d'émaner d'elle et que sa volonté fait le droit. Mais il en résulte nécessairement que si la nation, après avoir porté son choix sur un homme, reconnaît qu'il ne remplit pas son attente, rien ne peut l'empêcher de briser un pouvoir qui ne lui convient plus. En outre, les générations qui seront arrivées à la vie électorale, pendant la durée d'un gouvernement à la création duquel elles n'auront pu participer, ne pourront-elles exiger qu'on les consulte ; et, si on néglige de le faire, ne devront-elles pas se regarder comme libres de tout engagement envers un pouvoir qu'elles n'auront point conféré ? Enfin, puisque la majorité seule fera la loi et sera la seule force, les minorités, momentanément vaincues, ne devront-elles pas travailler sans cesse à détacher de la majorité ceux qui en feront partie, afin de devenir majorité à leur tour et d'acquérir ainsi le droit en même temps que la force ? Quelles agitations ne seront pas la suite de ces efforts !

Considérons d'ailleurs que, du droit qui réside dans la fraction la plus nombreuse au droit qui réside dans la fraction la plus *forte*, il n'y a qu'un pas ; et que, par là, la société pourrait constamment être mise en péril par des minorités audacieuses et turbulentes, souvent plus fortes que des majorités molles et irrésolues. Cette conséquence n'avait pas échappé à ceux-même qui proclament le plus haut le principe de la Souveraineté du Peuple ; et les plus téméra res, se montrant en même temps les plus logiques, avaient, sous la dernière République, érigé en droit l'appel aux armes et l'insurrection.

De toutes les formes de gouvernement, la République est celle qui se prête le mieux au principe de la Souveraineté populaire, dont elle est en quelque sorte l'expression. En effet, avec la forme républicaine, toute autorité part de la nation et repose sur l'élection populaire ; soit que, comme sous la première République, une Assemblée, une Convention, soit investie de tous les pouvoirs ; soit que, comme sous la seconde, le pouvoir législatif repose sur une assemblée et le pouvoir exécutif sur une personne, puisque cette personne est également désignée par le suffrage des citoyens. Mais à combien de vicissitudes une nation n'est-elle pas exposée, avec un tel gouvernement ! Quelles perturbations doivent nécessairement résulter du conflit de toutes les ambitions ! En supposant même que l'homme se dépouillât de ses passions et n'eût réellement en vue que le bien public, comment admettre que la multitude inintelligente ou du moins imparfaitement éclairée, puisse saisir les questions gouvernementales, sur lesquelles les plus grands esprits mêmes ne sont pas d'accord. Les masses voulussent-elles s'éclairer, ces hautes questions dépassent leur portée ; et elles seront toujours le jouet des mensonges les plus audacieux qu'elles accueilleront d'autant plus facilement qu'elles ne sauront pas en démêler l'absurdité.

Qu'on ne vienne pas nous objecter l'exemple des républiques de l'antiquité. Qui ne sait quelles profondes différences séparent les sociétés antiques de la nôtre ? La République de Rome, comme celles de la Grèce, n'était qu'une affreuse oligarchie, à laquelle avait part le tiers, à peine, de la population. Le reste, loin d'avoir des droits politiques, ne jouissait même pas de la liberté individuelle, et gémissait dans le plus abject esclavage. La République démocratique, c'est-à-dire un gouvernement fondé sur l'égalité civile et politique de tous les citoyens, sans acception de rang, de fortune, de profession ni d'intelligence, n'a jamais existé, pas même aux États-Unis dont la constitution nous était naguère tant vantée. Ce modèle des Républiques est plus loin que tout autre pays de l'égalité civile et politique ; car les noirs, même après leur affranchissement, y restent comme une classe intermédiaire entre l'homme et la bête de somme. Du reste, n'avons-nous pas vu récemment la rupture violente de cet État et la guerre sanglante qui a été la suite de cette séparation ? Malgré la paix que le parti le plus faible a été obligé de subir, les causes de division restent les mêmes, et elles s'aggravent encore de ce que la guerre a fait, de la moitié de la nation, des vaincus qui n'aspireront qu'à prendre leur revanche. Voilà ce qu'est devenue la meilleure des Républiques après quatre-vingts ans d'existence, durée éphémère dans la vie d'un peuple.

Nous aussi, d'ailleurs, nous avons essayé deux fois de la forme républicaine ; et la France s'est montrée si peu satisfaite de cette double épreuve, que, chaque fois, elle s'est abandonnée à la première main qui s'est présentée pour l'en délivrer. Plaise à Dieu qu'elle ne soit jamais forcée d'en subir une troisième fois l'expérience !

La Royauté élective est, après la République, le gouvernement qui s'accorde le mieux avec le principe de la Souveraineté nationale. Il est, au premier abord, séduisant, en ce qu'il donne à la nation des garanties de capacité, en lui permettant de mettre à sa tête un homme en rapport avec les idéeset les besoins du moment. Par là, se trouve réduite à néant l'objection, tant de fois répétée contre la Royauté héréditaire, que le roi le meilleur et le plus éclairé peut avoir pour successeur un homme incapable ; et qu'une nation ne peut, en se donnant à un père qu'elle estime, se léguer d'avance à son fils, sans savoir s'il lui offrira les mêmes garanties. Mais, hélas ! la Royauté élective est encore du domaine des belles théories, plutôt que de celui d'une sage et facile application.

En effet, une succession de souverains issus de besoins momentanés, et n'ayant derrière eux aucune tradition, n'offrira non plus aucune suite dans sa ligne de conduite ; et la politique d'un peuple ainsi gouverné subira les fluctuations des vues et des caprices personnels de chacun d'eux. Au contraire, dans les royautés héréditaires, tous les souverains qui se succèdent sont liés par la tradition de leurs ascendants, et c'est là un des beaux côtés de cette institution, que le prince, s'il se trouvait qu'il fût incapable, pourrait laisser fonctionner le gouvernement de lui-même, n'ayant qu'à marcher dans la voie tracée par ses prédécesseurs, et à poursuivre leurs entreprises. C'est cette continuité de vues et de tendances qui a fait la gloire de notre dynastie Capétienne, et c'est à cette persistante transmission d'une idée que la nation a dû son unité politique et territoriale, sa prépondérance à l'extérieur, et, à l'intérieur, son émancipation.

D'ailleurs, la pratique d'une Royauté élective favoriserait, presqu'autant qu'une République, le déchaînement de toutes les ambitions. Qu'arriverait-il, par exemple, si deux généraux, également aimés de l'armée, se posaient en compétiteurs du trône devenu vacant ? La guerre civile serait imminente à chaque changement de règne ; et nous ne tarderions pas à tomber dans un régime prétorien qui serait l'abaissement de la nation et la négation de toute liberté.

Si l'élection du Souverain est possible chez certains peuples, c'est à condition qu'elle soit limitée à un petit nombre d'électeurs, choisis toujours parmi les premiers de la nation, comme le conclave qui élit le Saint-Père, le Conseil des Dix qui élisait les doges de Venise, les Électeurs du Saint-Empire qui élisaient les Empereurs d'Allemagne, et le corps de la noblesse qui élisait les Rois de Pologne. Encore, dans ce dernier cas, l'extension trop considérable du corps électoral, peut-elle être regardée, par les divisions qu'elle a occasionnées, comme la première des causes qui ont entraîné la ruine de cette héroique nation. Mais on ne peut admettre cette forme de royauté chez un peuple dont la constitution, basée sur l'égalité, appellerait tous les citoyens à donner leur suffrage. Nous ne trouvons ce mode d'élection que chez les peuples primitifs, encore peu développés quant au nombre et quant à la civilisation, comme les peuplades qui envahirent les Gaules au ve siècle. Mais, dès qu'une nation prend un certain caractère de grandeur et d'homogénéité, nous voyons ces royautés partielles et individuelles se fondre en une royauté générale et héréditaire qui les englobe toutes, et les tribus Franques, elles mêmes, nous en donnèrent la preuve, en mettant à leur tête Clovis et ses descendants.

Non, la seule forme de gouvernement qui convienne à une nation telle que la nôtre, surtout dans un temps où la divergence des idées peut, d'un instant à l'autre, susciter les plus graves complications et nécessite par conséquent un pouvoir fort dont le principe ne puisse être constamment mis en question, c'est une monarchie héréditaire. Elle seule peut assurer la stabilité dont tous les bons esprits sentent le besoin ; elle seule peut rendre inviolables les droits de la propriété qui reposent sur le même principe (1) ; elle seule peut faire revivre le respect de l'autorité

(1) « On ne s'est pas assez aperçu, dit M. Louis Blanc, dans son *Histoire de Dix ans*, qu'en renversant, en 1830, la Royauté héréditaire, on attaquait en même temps la propriété. »

qui s'amoindrit de jour en jour ; elle seule enfin peut nous tirer de l'indifférence politique qu'amènent nécessairement les changements multipliés auxquels nous avons assisté depuis le commencement du siècle, et apporter à un gouvernement le respect, l'amour et le dévouement qui ne peuvent naître que d'une longue habitude dans le passé et d'une perpétuité assurée dans l'avenir.

Napoléon Ier, dans son vaste génie, comprenait bien l'appui que le passé peut donner à une monarchie quand il s'écriait : « Ah ! si j'étais mon « petit-fils ! » Aussi dirons-nous à ceux qui, pour éviter les incertitudes d'une république et les perturbations qui accompagneraient nécessairement chaque renouvellement d'une royauté élective, demandent une monarchie héréditaire, mais appuyée sur le vœu national : Vous possédiez cette garantie de stabilité dans une monarchie forte d'une hérédité de huit siècles, et sortie de l'élection, dans la personne de Huges Capet. Pourquoi, deux fois, avez-vous applaudi à l'œuvre d'une minorité factieuse qui l'avait renversée ? Pourquoi avez-vous proscrit jusqu'à un enfant, descendant auguste de vos anciens souverains, appelé par sa naissance à continuer leur glorieuse hérédité ?

Tous ceux qui ont succédé à cette antique monarchie ont bien senti que l'hérédité est la condition nécessaire de tout gouvernement qui veut être fort ; et leur premier soin a été de se proclamer fondateurs de Dynastie.

Lorsque, en 1804, le Sénat changea en titre d'Empereur le titre de Consul à vie que s'était fait décerner précédemment Bonaparte, celui-ci s'empressa de rétablir la loi héréditaire qui avait réglé la succession des souverains dans l'ancienne monarchie et de faire ratifier cette loi par un plébiscite. En 1830, les deux cent dix-huit députés qui s'assemblèrent, sans aucun mandat, pour consacrer, par leur assentiment illégal, l'usurpation de la branche cadette, renouèrent à l'instant, au profit de celle-ci, la chaîne de l'hérédité qu'ils venaient de briser. Enfin lorsque, en 1852, Louis-Napoléon demanda au peuple de lui conférer le titre d'Empereur, il voulut que le plébiscite qui l'élevait au trône en assurât la possession à ses des cendants ; et que le peuple déclarât faire usage pour la dernière fois de son droit de souveraineté.

Tant il est vrai que la Souveraineté populaire ne peut être érigée en principe, puisque le Peuple ne fait acte de souveraineté qu'à condition d'abdiquer aussitôt son pouvoir ; tant il est vrai que le meilleur fondement de l'autorité est l'hérédité, puisque ceux-mêmes qui refusent de reconnaître la Royauté légitime sont contraints de lui rendre hommage en lui empruntant son principe.

II.

Mais si nous refusons de reconnaître la Souveraineté populaire comme le principe de tout gouvernement, il n'en est pas de même pour le Suffrage universel appliqué à l'élection de certains fonctionnaires. Nous le repoussons d'autant moins que, pendant tout le règne de Louis-Philippe, nos journaux, aussi bien que nos députés, n'ont cessé de demander qu'on le substituât au régime censitaire.

Commençons par établir que le Suffrage universel n'est point une invention révolutionnaire. Il fut pratiqué, dans son extension la plus large, pour l'élection des députés du Tiers-État aux États-Généraux, et non-seulement tous les Français furent appelés à émettre leur vote ; mais encore ils eurent toute facilité pour se réunir et se concerter avant l'élection. Partout s'organisèrent des clubs électoraux, et la liberté qu'on leur laissa fut si grande que, dans certaines localités, à Rennes notamment, elle dégénéra en licence ; et que, à Paris, le jardin du Palais-Royal était en quelque sorte un vaste club en permanence. A côté des franchises données à la parole, régnait aussi, en fait de presse, la liberté la plus absolue ; et les écrits les plus subversifs voyaient le jour sans obstacle et sans répression. Aujourd'hui qu'on parle tant de la liberté, si nous avions seulement le quart de celle qui régnait à cette époque, les plus libéraux ne tarderaient pas à crier à l'abus.

Nous admettons donc en principe le Suffrage universel ; mais nous ferons quelques réserves sur la manière dont il est pratiqué aujourd'hui. Nous trouvons juste que les classes laborieuses de la société, participant aux charges publiques, et surtout à la plus lourde, au service militaire, participent aussi, dans une certaine mesure, aux affaires du pays : mais c'est cette mesure qu'il est difficile de déterminer. Tous les citoyens sont égaux, il est vrai, mais il ne s'ensuit pas que leurs avis aient tous la même valeur. Nous ne pouvons admettre, par exemple, que le vote d'un honnête laboureur, complètement étranger à toutes les questions politiques ou administratives, puisse avoir la même autorité que celui de M. Thiers ; et cependant le système actuel les met tous les deux sur la même ligne : Ils comptent chacun pour une voix. Nous voudrions que les suffrages fussent estimés non par leur nombre, mais par leur poids. Mais comme une perfection aussi achevée rentrerait dans le domaine des utopies, nous nous bornons à réclamer le Suffrage universel à deux degrés.

Un des graves inconvénients du système actuellement en vigueur, c'est que les candidats ne sont pas connus des électeurs, et que, quelque éclairés que puissent être ceux-ci, ils ne votent, pour la plupart, que sur des *on dit*, et sont, par cela même, à la merci des louanges mensongères dont on gratifie les uns et, plus souvent encore, des calomnies dont on accable les autres. Cet inconvénient, qui existe déjà pour toutes les élections par canton, est bien plus grave encore pour les élections par arrondissement. Si populaire que soit un nom, il est presque impossible qu'il soit connu de tous les électeurs.

Pour que le suffrage de tous fût sincère, loyal et émis en connaissance de cause, nous voudrions que, pour toutes les élections qui dépassent les attributions municipales, la nomination des candidats fût le résultat de deux votes successifs dépendant l'un de l'autre. Au premier degré, les électeurs de chaque commune investiraient de leur confiance des citoyens dont l'honorabilité et même la personne leur seraient connues. Ces citoyens, élus par un premier suffrage, deviendraient, à leur tour, électeurs en dernier ressort; et auraient à conférer les pouvoirs qui feraient l'objet de l'élection, à celui qui leur en semblerait le plus digne. Ce corps électoral du second degré, étant peu nombreux, pourrait se réunir et discuter le mérite des divers candidats. Il pourrait même être mis en relation directe avec ceux-ci dans des comités préparatoires ; et nous demanderions à ce sujet la liberté la plus complète, sans laquelle il ne peut y avoir d'élection sincère, faute d'un commerce de pensée suffisant entre l'éligible et l'électeur.

Le nombre des élus au premier degré devrait être proportionnel au nombre des électeurs de chaque commune, un, par exemple, pour les communes de cinq cents électeurs et au-dessous, et, pour les autres, un par cinq cents et fraction au-dessus de cinq cents. Sans doute, il surgirait quelques difficultés, quant au mode et au lieu de vote des électeurs au second degré ; mais n'ayant ni la mission, ni la capacité de formuler une loi électorale, nous n'avons point à nous occuper des détails, et il nous suffit d'énoncer le principe qui permettrait à chacun d'exercer ses droits en connaissance de cause, n'ayant à voter que pour un homme, de lui connu, qu'il investirait de ses pouvoirs.

Quant aux élections municipales, nous désirerions vivement que, dans les communes d'une certaine étendue, dans celles, par exemple, où le nombre des électeurs est supérieur à cinq cents, le territoire fut divisé en plusieurs circonscriptions, chargées d'élire chacune, deux, trois et mieux encore, à moins de difficultés pratiques insurmontables, un seul conseiller. N'ayant à se prononcer que sur un seul nom, les électeurs pourraient très-facilement connaître les divers candidats qui se trouveraient en présence dans chaque circonscription ; tandis que, dans les centres un peu importants, l'électeur ayant à nommer le Conseil tout entier par scrutin de liste, ne peut connaître tous les candidats qui figurent sur chaque liste rivale. Il suffit ainsi qu'il rencontre un nom qui lui soit sympathique, ou contre lequel il soit prévenu, pour qu'il accepte ou qu'il rejette l'une de ces listes tout entière. Que certaines habiletés administratives puissent être servies par ce système, et par cela même le soutiennent avec énergie, nous le comprenons ; mais pour ceux qui, admettant loyalement le Suffrage universel, veulent qu'il reçoive la meilleure application possible, le mode des circonscriptions électorales semblera infiniment préférable, et le vote par scrutin de liste ne pourra être prôné que par ceux à qui la confusion est favorable et dont la personnalité ne gagnerait pas à se présenter isolément à l'examen des électeurs.

Nous demanderions aussi, et sur ce point tout le monde est unanime, que le choix des maires fût laissé au libre suffrage des citoyens, au lieu d'être réservé à l'État. S'il est une fonction qui doive être élective, c'est assurément celle qui confère à un homme le titre de père de la cité et le charge de veiller aux intérêts de celle-ci. Quelque partisan qu'on puisse être d'un gouvernement, il est impossible, même aux plus prévenus, de ne pas avouer que le pouvoir central peut, dans certaines circonstances, méconnaître et blesser profondément des intérêts locaux. Or, le premier magistrat d'une ville, ne sera-t-il pas bien mieux fondé à exercer le droit de remontrances, vis-à-vis du gouvernement central, s'il tient son pouvoir de la volonté des citoyens que s'il le doit à une faveur de ce gouvernement lui-même ?

Le Ministre de l'Intérieur avait accordé un commencement de satisfaction à un vœu si légitime, en donnant une quasi-assurance qu'à l'avenir les maires seraient pris dans le sein des conseils municipaux. C'était un pas fait dans la voie du sage libéralisme ; mais on semble déjà revenir sur cette demi-concession. On semble vouloir arracher cette nouvelle pierre, à peine ajoutée au *couronnement de l'édifice,* auquel il manque encore tant d'assises.

Nous désirerions aussi voir disparaître les candidatures officielles, qui apportent mille entraves à la libre expression du vœu public et qui, de plus, sont, dans un certain sens, injurieuses pour le peuple français, Il semble, en effet, que la nation soit incapable de se conduire elle-même et de marcher sans lisières, puisqu'on croit devoir la diriger (pour ne rien dire de plus) dans l'expression de ses sentiments. Un pouvoir qui se fait gloire d'être sorti de l'élection populaire devrait, croyons-nous, montrer plus de confiance envers une institution à laquelle il doit son origine.

De plus, en imposant, pour ainsi dire, des candidats de son choix, l'autorité semble désirer qu'on lui donne des serviteurs, plutôt que des conseillers. Or, si sage qu'on suppose un gouvernement, il est difficile de le regarder comme infaillible, et l'esprit public, qui a le droit d'exprimer ses désirs ou ses craintes, n'a pas de moyen plus légitime de le faire que par la bouche de ceux qui le représentent auprès du pouvoir. Mais, pour cela, il faut que ceux-ci soient librement élus, sans quoi la nation peut les regarder comme les hommes de l'autorité, plutôt que comme les siens. Un gouvernement justement préoccupé de l'opinion publique n'aurait qu'à gagner à cette sage neutralité. Les mandataires, choisis spontanément par les électeurs, lui donneraient la mesure des besoins de la population bien mieux que ceux qu'il désigne lui-même à ses suffrages. Ajoutons que la contradiction est quelquefois nécessaire et que les gouvernements ne sont jamais plus mal servis que par les officieux et les complaisants. La circulaire du Ministre de l'Intérieur, à l'occasion des dernières élections municipales, semble nous laisser entrevoir que le régime des candidatures officielles aura un terme : nous le souhaitons et nous l'espérons ; mais, jusqu'à nouvel ordre, cet article fait encore partie du chapitre des *desiderata*.

La manière dont le suffrage universel est aujourd'hui pratiqué nous semble donc vicieuse, en ce que les électeurs procèdent presque toujours au hasard et, trop souvent, avec une liberté plus que contestable ; mais elle présente, en outre, plusieurs inconvénients qui, sous l'empire de certaines circonstances, pourraient devenir des dangers.

Si le Suffrage universel reste ce qu'il est aujourd'hui, nous verrons, et nous voyons déjà, surgir une sorte de féodalité industrielle. Les chefs d'ateliers qui emploient un grand nombre d'ouvriers seront les seigneurs de cette féodalité d'un nouveau genre et on dira : *Monsieur un tel* dispose de cent, deux cents voix, comme on disait au moyen-âge : tel baron arme cent, deux cents vassaux. Il en résultera que, pour s'assurer effectivement toutes ces voix, quelques chefs d'ateliers feront voter leurs ouvriers par les menaces et, pour plus de sûreté, à bulletins ouverts, comme cela s'est déjà pratiqué en différentes circonstances. Nous croyons qu'une telle manière d'agir est peu compatible avec la sincérité et la dignité d'une élection ; et si c'est là ce que prônent les soit-disant Libéraux, nous pouvons leur assurer qu'ils n'ont pas de plus sûr moyen de tuer la liberté électorale.

Que les chefs d'ateliers, les patrons, tous ceux en un mot qui emploient et approchent les ouvriers, se fassent aimer d'eux, gagnent leur confiance et soient ainsi en mesure, au moment d'une élection, de leur donner des conseils et de les diriger dans leur vote, rien assurément n'est plus légitime ; et cette confiance, méritée par les supérieurs, accordée par les inférieurs, honore à la fois les patrons et les ouvriers. Mais il y a loin de la confiance volontaire, à ces votes émis par des corps d'ouvriers, qui arrivent au scrutin embrigadés sous la conduite de leurs contre-maîtres, et déposent leurs bulletins avec l'ensemble et la précision d'une troupe qui manœuvre. De telles démonstrations sont humiliantes pour ceux qui les dirigent, pour ceux qui les subissent, et pour tout le corps électoral. Il nous semble, en outre, qu'elles doivent être fort embarassantes pour les candidats mêmes qui en sont l'objet.

Enfin du moment que le nombre seul fait la loi, les classes populaires, qui sont de beaucoup les plus nombreuses, ne tarderont pas à comprendre quelle arme puissante elles ont entre les mains ; et nous verrons se généraliser les candidatures ouvrières que nous avons vu surgir à Paris lors des dernières élections législatives. Qu'on ne se méprenne pas sur notre pensée : amis sincères de la liberté, nous ne repoussons aucune capacité, nous ne méconnaissons aucun dévouement, lorsqu'ils s'offrent comme des individualités. Mais nous ne pouvons admettre que la démocratie prétende envahir en masse toutes les fonctions, et se présente comme une sorte de corps compact, écartant tout ce qui ne compte pas dans ses rangs. D'abord ce serait une injustice ; et, de plus, dans un temps où les théories les plus subversives ont trouvé de l'écho, la société aurait lieu de s'alarmer d'une invasion de cette nature (1).

(1) Les élections municipales de 1865, qui sont la plus récente épreuve du suffrage universel, confirment pleinement ces appréhensions Ces elections ont suggéré à M. X de Fontanes les réflexions les plus sensées. Nous ne pouvons mieux faire que de les reproduire ici :

« En y réfléchissant, on s'étonne qu'il y ait une opposition a « propos d'elections municipales Tout homme integre, capable, « libre de consacrer une partie de son temps aux intérêts de la « commune, devrait avoir sa place marquée d'avance au conseil « municipal. Le suffrage universel, dirigé par la Révolution, ne « l'entend pas ainsi Pour elle, l'election municipale est un champ « de bataille où elle se présente armée de toutes ses haines, de ses « passions et de son intolérance : il suffit aujourd'hui qu'un hom-« me soit catholique pour que la Révolution le repousse, l'insulte « et le combatte impitoyablement.

« S'il est deplorable de voir un parti qui a fait tant de mal a la « France et à l'Europe depuis 93, semer la division et la haine « entre les fils de la même patrie jusqu'au fond de nos plus petits « hameaux, il n'est pas moins triste de voir combien grande est « son influence sur les classes ouvrières Par elles, il domine dans « presque toutes les grandes villes. Ces ouvriers votent révolu-« tionnairement ; c'est-à-dire contre l'ordre . ils votent contre le « gouvernement qui chaque jour voit lui échapper la direction du « suffrage universel : contre l'Eglise, qui ne leur a jamais fait que « du bien : contre toute supériorite sociale. S'il y a un mot qui

Nous savons par expérience que la démocratie prétend tout réformer, en commençant par tout bouleverser. Ses chefs ont essayé, sous la dernière République, de faire triompher leurs idées par l'émeute et par les barricades. Aujourd'hui ils ont déplacé le champ de bataille, et ils espèrent, en s'emparant de toutes les positions, arriver, plus lentement, il est vrai, mais plus sûrement, à préparer l'avénement de leur système.

Or, en présence d'une conspiration qui ne prend même pas la peine de déguiser son but, la société a le droit, elle a le devoir de se défendre. Certes, nous le reconnaissons nous-mêmes, cette société n'est pas parfaite ; mais nous avons tout lieu de penser que celle que les démocrates songent à nous faire serait beaucoup plus défectueuse encore.

« puisse s'appliquer aux élections municipales actuelles, c'est le « mot *révolutionnaire*. On parle du progrès de la liberté dont « l'influence se serait fait sentir, assure-t-on, dans les élections « municipales Pour notre compte, ce qui nous frappe, c'est que « les fonctions de conseiller tombent à chaque élection nouvelle « dans une classe inférieure Pour l'instruction, l'intelligence, la « position et la capacité, c'est la tête de la société qu'il s'agit « d'abattre, et on y parviendra si l'on n'éclaire pas les esprits. »

« X. de Fontaines. »

« Laissez faire, disent les habiles, le peuple « pourra s'agiter, mais nous en serons toujours « maîtres ; il aura des velléités d'indépendance ; » mais, bon gré, mal gré, il se laissera. à son « insu, mener par l'intelligence, et nous le diri- « gerons toujours. » Nous avons entendu des gens qui se disent Libéraux nous tenir, en propres termes, ce langage.

Si c'est ainsi que vous entendez le Suffrage universel, si vous le voulez afin de vous en servir comme d'une arme pour opprimer le peuple qui a confiance en vous, vous n'êtes pas sincères, et il est inutile de discuter avec vous.

Arrière les habiletés et les supercheries. Si vous êtes les hommes de l'occasion et des circonstances, nous sommes, nous, les hommes de la durée et de la perpétuité : ce qu'il nous faut, ce ne sont point des expédients ; mais des institutions.

D'autres, plus sincères, avouent que le Suffrage universel offre, quant à présent, de grandes imperfections. « Mais, ajoutent-ils, ces imperfec- « tions ne viennent que du peu d'instruction des « masses. Le peuple est naturellement bon, il est

« naturellement intelligent ; ce qui lui manque, « c'est une lumière qui le guide : éclairez-le, il « deviendra parfait. »

D'accord : nous aussi, nous avons confiance dans les bons instincts du peuple ; et nous le croyons infiniment meilleur que ceux qui l'exploitent, en feignant de le diriger. Nous aussi, nous voulons l'éclairer ; parce que nous pensons que c'est la meilleure manière de le préserver de l'égarement ; mais il faut s'entendre sur la lumière. Si nos yeux sont réjouis de la lumière bienfaisante du soleil, ils sont épouvantés de la lueur sinistre de l'incendie. Assurons-nous donc qu'en donnant la lumière au peuple nous lui remettons le flambeau qui éclaire, et non la torche qui embrase. Nous verrons de quelle manière vous prétendez l'éclairer, lorsque nous en serons à discuter la liberté d'enseignement.

CHAPITRE QUATRIÈME.

L'ÉGALITÉ.

L'orgueil, qui est la plus personnelle et la plus égoïste des passions, développe, dans le cœur de ceux qui s'abandonnent à lui, deux sentiments également opposés à l'esprit de fraternité qui devrait régner entre tous les hommes. Il les porte à chercher tous les moyens de s'élever eux-mêmes au-dessus des autres ; et à faire, en même temps, tous leurs efforts pour empêcher les autres de s'élever au-dessus d'eux.

La Révolution, qui a besoin de l'appui et du concours de toutes les passions, ne pouvait manquer de faire appel à un penchant aussi profondément enraciné dans le cœur de l'homme ; et, comme résultante de ces deux efforts contradictoires, elle a offert à l'orgueil humain l'Égalité.

Mais, en flattant les instincts, la Révolution s'efforce en même temps de les justifier ; aussi lui a-t-il fallu, comme toujours, revêtir d'un sophisme ce dogme de l'Égalité. Pour cela, on a inventé la Nature, mot dont on a singulièrement abusé à la fin du siècle dernier, sorte de fantôme impersonnel auquel on a prodigué les hommages qu'on avait refusés à Dieu ; et la Révolution a décrété que les hommes, étant tous fils de cette divinité chimérique, étaient, par cela même, tous égaux.

Cette conclusion n'est qu'un misérable paralogisme ; car, s'il est évident que tous les hommes sont égaux devant la souffrance et devant la mort, c'est-à-dire, devant les forces supérieures à notre nature, il n'est pas moins évident que cette égalité cesse d'exister quand nous les comparons entre eux ; et qu'alors, au contraire, nous voyons apparaître en tout l'inégalité.

Pour nous qui reconnaissons une divinité réelle et personnelle, supérieure à l'être imaginaire que nos adversaires appellent *Nature*, et qui n'est que l'ensemble des lois physiques établies par cette puissance créatrice, nous affirmons qu'il ne serait pas même juste de dire, d'une manière *absolue*, que les hommes sont égaux devant Dieu. Car, s'il est vrai que tous sont également petits, comparés à sa grandeur, et également faibles devant sa volonté, il n'est pas moins vrai qu'il établit entre eux de profondes différences, suivant la faveur plus ou moins grande avec laquelle il leur dispense ses dons. Ainsi, dans l'ordre physique, les uns ont en partage la force et la beauté ; tandis que les autres sont dépourvus de ces avantages. Dans l'ordre intellectuel et dans l'ordre moral, les dissemblances sont les mêmes ; et les hommes ne sont égaux ni en intelligence, ni en vertu.

Cette inégalité des dons naturels a produit l'inégalité des conditions ; et tous les hommes qui se sont élevés et ont transmis à leurs descendants ce qu'ils avaient conquis en honneurs et en fortune, ont dû leur succès au courage, à l'intelligence et au travail, fondements on ne peut plus légitimes et que les théoriciens les plus radicaux ont peine à contester. Mais comme il leur faut soutenir leurs systèmes, même contre toute évidence, ils demandent que les avantages sociaux soient personnels à ceux qui les ont acquis, mais ne passent point à leurs descendants ; et ils veulent que tous, au moment de leur naissance, soient ramenés à leur condition *naturelle,* qui est l'Égalité.

I.

On a bientôt fait de décréter l'Égalité et de l'inscrire dans une déclaration des Droits de l'Homme ; mais il est moins facile de la faire passer dans les mœurs et d'en régler la pratique. Comme chaque individu se prend volontiers soi-même pour un petit centre autour duquel doit graviter le monde, il en résulte que chacun se fait un niveau différent pour établir l'Égalité, trouvant juste et équitable d'abaisser ceux qui le dominent ; mais ne pouvant souffrir que ceux qui sont plus bas que lui prétendent l'abaisser à son tour. Aussi les révolutionnaires, tout en s'accordant sur le principe, se divisent-ils à l'infini dans les applications ; et tous les systèmes qu'ils ont successivement élaborés n'ont de commun qu'une égale impossibilité pratique.

Comment s'y prendront-ils, ces économistes de l'avenir, pour opérer l'égale répartition de la fortune ? Établiront-ils l'impôt progressif, c'est-à-dire une proportion de plus en plus rapprochée entre l'impôt et le revenu, à mesure que celui-ci augmente ? Passé un certain chiffre, chacun aurait, dès lors, intérêt à restreindre sa fortune plutôt qu'à l'augmenter ; et, par là, se trouveraient arrêtés tant de travaux utiles qui font vivre ceux qui les exécutent et qui développent la richesse publique par l'accroissement de la production. L'impôt progressif serait la mort de l'agriculture, la ruine du commerce, la stagnation et l'anéantissement de tout le mouvement social.

Aboliront-ils l'hérédité ? Mais qui ne voit que, sans hérédité, il n'y a pas de famille ? Aboliront-ils donc aussi cette institution qu'ont respectée tous les temps et tous les peuples, qui décuple la puissance individuelle de chaque homme, en le mettant en possession de ce que ses pères ont conquis pour lui, et qui étend la durée de sa vie au-delà de ses limites naturelles, en le faisant vivre, par le souvenir, avec ses ancêtres, et, par l'espérance, avec ses descendants ? Nos lois, infectées elles-mêmes du venin révolutionnaire, n'ont déjà que trop attaqué cette institution sainte dans l'autorité paternelle qui en est le couronnement, en imposant des limites à la faculté de tester, et en restreignant les droits du père, sous prétexte de protéger les droits des enfants.

Empêcheront-ils chaque citoyen de posséder plus de trois mille francs de rente, comme le proposait un de leurs chefs, lors de la dernière république ? Mais ils s'ingéreront donc dans les affaires privées, ils seront donc toujours là pour contrôler les épargnes de chacun, ils défendront donc d'économiser et d'acquérir ? Et du reste, même sous l'empire de ce maximum asservissant, il n'y aurait pas d'égalité, car la limite ne saurait en être atteinte par tous les citoyens.

Ou bien si, pour en finir plus vite, il s'emparent

purement et simplement de tous les biens, les partageront-ils entre tous les membres de la nation ? Ce procédé n'est pas nouveau ; c'est ainsi qu'ont agi les égalitaires de tous les temps ; mais l'histoire nous montre que toutes les lois agraires n'ont abouti qu'à la spoliation, sans jamais produire l'Égalité. Si elles n'ont pu atteindre leur but alors que la fortune était surtout territoriale, que feront-elles aujourd'hui qu'elle est, peut-être autant, industrielle ? Ira-t-on, par exemple, partager une usine ? La division des biens amènerait la ruine de l'agriculture et, plus sûrement encore, celle de l'industrie, pour qui le partage héréditaire est déjà une cause de souffrance, comme l'a démontré victorieusement M. Le Play, dans son remarquable ouvrage, *La Réforme sociale en France.*

Pour fuir les difficultés insolubles que présenterait un partage général, feront-ils l'État seul possesseur de tous les biens ? La confiscation ne serait alors qu'un tour de passe-passe qui n'aurait d'autre résultat que de faire changer la fortune de mains, sans rien faire pour l'Égalité ; car l'État, être collectif, est représenté par ceux qui l'administrent ; et l'intégrité est une vertu qui sent trop son vieux temps, pour que nous ayons la pensée de croire les novateurs assez faibles pour s'embarrasser d'un préjugé aussi suranné.

On le voit, de quelque manière qu'on prétende réaliser un système complètement égalitaire, on se heurte à d'insurmontables difficultés. Mais rien n'embarrasse des hommes qui ont à leur disposition des théories toujours prêtes. Comme il s'agit bien moins, pour les révolutionnaires, d'arriver réellement à l'Égalité parfaite que de se faire à eux-mêmes une place conforme à leurs ambitions, comme, en outre, ils se reconnaissent de grandes capacités, ils ont décidé que le mérite seul devait régler la position de chacun dans la société et servir de base, non-seulement à la distribution des fonctions politiques et administratives, mais encore à la répartition de la fortune et de tous les avantages sociaux.

De toutes les utopies démocratiques celle-ci est peut-être la plus spécieuse, en ce qu'elle semble reposer sur la plus parfaite équité. Mais comment la mettre en pratique ? Comment appliquer le fameux axiôme : *à chacun selon ses œuvres,* qui sert de fondement à ce système ? Quels seraient les juges chargés de constater le mérite de chacun et de lui assigner la place propre à laquelle il aurait droit de prétendre ? Les gens appelés aux postes supérieurs ne se plaindraient pas, assurément, du jury, quel qu'il pût être ; mais ceux qui seraient voués aux métiers les plus pénibles se rendraient-ils assez justice pour convenir qu'ils étaient incapables de faire mieux ? Ce n'est pas, à coup sûr, ce que nous voyons aujourd'hui, où personne ne croit occuper la place dont il se juge digne ; et où souvent les intelligences les plus médiocres sont celles qui affichent le plus de prétentions. Nous avons vu, d'ailleurs, à quoi a abouti la petite église Saint-Simonienne de Ménilmontant, qui était basée sur ce principe. Qu'eût-ce été si on eût voulu en étendre l'application à toute la société !

Du reste, un état social dans lequel le mérite serait la source de toutes les distinctions et de tous les avantages, ne serait pas, pour cela, la société de l'Égalité. Ceux qui naîtraient dépourvus des dons de l'esprit se verraient condamnés pour toute leur vie aux travaux les plus rebutants, sans espoir d'améliorer jamais leur sort, puisqu'il leur serait interdit d'acquérir ; et ces malheureux parias, relégués au dernier degré de l'échelle sociale, se verraient punis, comme d'un crime, de leur infériorité originelle. La société actuelle est plus libérale envers ces déshérités de l'intelligence ; car elle leur permet, sans qu'il leur soit besoin de mérite, d'acquérir, par le travail et l'économie, vertus qui appartiennent à tous, un patrimoine qui assure leurs vieux jours. Bien plus, en leur laissant la faculté de reverser sur la tête de ceux qui leur sont chers les biens qu'ils ont eux-mêmes amassés, elle leur en perpétue, en quelque sorte, la possession même au-delà du tombeau.

Ce serait, d'ailleurs, la plus avilissante tyrannie qu'un régime sous lequel chacun serait contraint de remplir, telle ou telle fonction, d'exercer, malgré lui, tel ou tel métier, et ne serait pas maître d'essayer, à ses risques et périls, de faire son chemin dans la carrière pour laquelle il se sent ou se croit des aptitudes. Ce serait la perte absolue de toute liberté personnelle et l'asservissement vis-à-vis de l'État ; et si jamais une aussi monstrueuse théorie venait à prévaloir, il faudrait changer, pour celui d'esclave, le nom de citoyen (1).

Mais, vraiment, de telles rêveries valent-elles la peine qu'on les discute, même sommairement ? Les démocrates auront beau faire, l'inégalité des conditions a toujours existé, et on peut

(1) Qu'il nous soit permis de citer ce que dit, à ce sujet, M. de Lamennais. Son opinion donnera d'autant plus de force à nos paroles que les erreurs auxquelles il s'est laissé entraîner l'éloignent davantage de nous.

« Pour ceux qui se proposent ce but d'égalité rigoureuse, absolue, les plus conséquents concluent, pour l'établir et pour le « maintenir, à l'emploi de la force, au despotisme, à la dictature, « sous une forme ou sous une autre forme.

« Les partisans de l'égalité absolue sont d'abord contraints d'attaquer les inégalités naturelles, afin de les atténuer, de les détruire s'il est possible. Ne pouvant rien sur les conditions pre-« mières d'organisation et de développement, leur œuvre com-« mence à l'instant où l'homme naît, ou l'enfant sort du sein de « sa mère. L'état s'en empare : le voilà maître absolu de l'être « spirituel comme de l'être organique L'intelligence et la cons-« cience, tout dépend de lui, tout lui est soumis. Plus de famille, « plus de paternité, plus de mariage dès lors ; un mâle, une fe-« melle, des petits que l'État manipule, dont il fait ce qu'il veut, « moralement, physiquement, une servitude universelle et si pro-« fonde que rien n'y échappe, qu'elle pénètre jusqu'à l'âme même.

« En ce qui touche les choses matérielles, l'égalité ne saurait « s'établir d'une manière tant soit peu durable par le simple par-

prédire qu'elle existera toujours ;car, comme nous l'avons dit, elle est la suite de l'inégalité des dons naturels avec lesquels Dieu nous fait naître, et plus encore du bon ou du mauvais emploi que nous faisons nous-mêmes de ces dons. Elle est, d'ailleurs, le ressort et le contre-poids nécessaire de toute société. Sans elle, nous verrions disparaître tous les arts et toutes les industries de luxe qui

« tage. S'il s'agit de la terre seule, on conçoit qu'elle puisse être « divisée en autant de portions qu'il y a d'individus ; mais le nombre des individus variant perpétuellement, il faudrait aussi perpétuellement changer cette division primitive. Toute propriété « individuelle étant abolie, il n'y a de possesseur de droit que « l'État. Ce mode de possession, s'il est volontaire, est celui du « moine astreint par ses vœux à la pauvreté comme a l'obeissance; « s'il n'est pas volontaire, c'est celui de l'esclave, là où rien ne « modifie la rigueur de sa condition Tous les liens de l'humanité, « les relations sympathiques, le dévouement mutuel, l'echange des « services, le libre don de soi, tout ce qui fait le charme de la vie « et sa grandeur, tout, tout a disparu, disparu sans retour

« Les moyens proposés jusqu'ici pour résoudre le problème « pour l'avenir du peuple, aboutissent à la négation de toutes les « conditions indispensables de l'existence, détruisent, soit directement, soit implicitement le devoir, le droit, la famille, et ne « produiraient, s'ils pouvaient être appliqués à la société, au lieu « de la liberté dans laquelle se résume tout progres réel, qu'une « servitude à laquelle l'histoire, si haut qu'on remonte dans le « passé, n'offre rien de comparable » (LAMENNAIS *Du Passé et de l'Avenir du peuple*).

sont le plus bel apanage de la civilisation. Nous ne tarderions pas ainsi à arriver, non à une aisance générale, mais à une pauvreté universelle, au sein de laquelle, seulement, on peut trouver l'Égalité. En outre, l'intelligence, privée des arts, des sciences et des industries qui font son aliment, ne tarderait pas à dégénérer elle-même; et, à la pauvreté, viendrait bientôt se joindre la barbarie.

Il s'est pourtant rencontré des hommes qui n'ont pas reculé devant de telles conséquences pour assouvir la haine de toute supériorité et l'envie dont ils étaient dévorés! Voici ce que disait Babœuf à la fin du siècle dernier : « Ce qu'il nous faut de « plus que l'égalité des droits? Il ne nous faut « pas seulement cette Égalité transcrite dans la « déclaration des droits de l'homme et du citoyen, « nous la voulons au milieu de nous, sous le toit « de nos maisons. Nous consentons à tout pour « elle, à faire *table rase,* pour nous en tenir à elle « seule. *Périssent, s'il le faut, tous les arts,* « pourvu qu'il nous reste *l'égalité réelle* (1). »

(1) Extrait des pièces trouvées chez Babœuf et imprimées par ordre du Directoire.

Depuis que ces paroles sauvages ont été prononcées sous la première République, combien n'ont-elles pas été commentées depuis par les ennemis de la société ! Elles sont bien l'expression de l'esprit de haine qui les anime, esprit satanique qui ne veut pas que quelques-uns jouissent de biens qui ne peuvent être le domaine de tous ; et qui, ne pouvant arriver à l'Égalité dans la richesse, cherche à anéantir ceux qui possèdent : et demande l'Égalité dans la misère.

Et pourtant, en dépit de la Révolution, il y a dans les principes de famille et d'hérédité qui sont les fondements de tout état social, une si invincible puissance, que les démocrates les plus intraitables en subissent l'ascendant à leur insu. Ceux-mêmes qui s'élèvent le plus violemment contre l'hérédité nous révèlent des instincts héréditaires et même dynastiques, en honorant, par respect pour les pères, des fils qui ne se recommandent en rien par eux-mêmes. Il nous serait facile, en effet, de citer, parmi les généraux de l'armée démocratique, des hommes qui, sans la notoriété que leur a léguée leur père, ne seraient jamais sortis de la foule des inconnus et des médiocrités. C'est ainsi que la Révolution dément constamment ses principes par ses actes, et l'inconséquence dont elle nous donne si souvent le curieux spectacle est la meilleure réfutation de ses erreurs.

II.

La seule Égalité que puissent revendiquer les esprits sages, est l'Égalité civile, c'est-à-dire une loi unique réglant les rapports des citoyens entre eux et rendant tous les emplois accessibles à tous, sans distinction de rang ni de fortune ; et, comme complément de cette égalité, l'Égalité devant la loi, c'est-à-dire une même peine punissant les coupables, quelle que soit leur position sociale.

Cette double égalité n'est pas, en soi, philosophiquement indispensable. Il ne répugne pas plus à la raison de concevoir une nation divisée en plusieurs catégories ayant des droits divers, comme aussi des obligations diverses, et, par suite, plusieurs législations spéciales ; qu'il ne lui répugne d'admettre une nation dont tous les membres, égaux en droits et en devoirs, sont, par cela même, régis par une législation unique. Ces réserves établies, au nom de la philosophie, et aussi, afin de rendre une justice méritée au passé qui a eu, pour agir autrement que le temps présent, des raisons d'être différentes, nous acceptons volontiers l'Égalité civile et l'Égalité devant la loi.

Or, nous possédons aujourd'hui l'Égalité civile dans toute sa plénitude. Tout homme, quelle que soit l'humilité de son extraction, peut parvenir, aidé de ses seules capacités, aux fonctions les plus éminentes ; mais cet état de choses, n'est point, comme on le croit généralement, une conquête de la Révolution. Il est le résultat de l'abandon *volontaire* de leurs priviléges, que firent en 1789 les classes qui les possédaient précédemment.

On vit en effet, à cette époque, le Clergé et la Noblesse imposer comme mandat, à leurs députés aux États-Généraux, de réclamer la renonciation aux immunités que la loi leur accordait, l'égale répartition de l'impôt, et l'admissibilité du Tiers-État, c'est-à-dire de tout ce qui n'était ni prêtre ni noble, jusqu'aux derniers rangs du peuple, à toutes les fonctions civiles et militaires. Les *Cahiers* de ces deux ordres sont pleins de ces principes ; et le Tiers-État, quand les États-Généraux se déclarèrent Assemblée Nationale, n'eut qu'à enregistrer les vœux de ceux qui se dépouillaient à son profit.

Au surplus, cette égalité qui fut inscrite alors dans notre constitution n'était pas, dans la pratique, une nouveauté en France. Pendant toute la durée de l'ancienne monarchie, au temps même de la plus haute expression de sa gloire et de sa puissance, on vit assez d'hommes sortis des rangs inférieurs de la société s'élever, sans obstacles, jusqu'aux plus hautes dignités ; et sans parler de Fabert, de Catinat, de Jean-Bart, de Duguay-Trouin et de Colbert, il serait facile de citer une foule de grands hommes, obscurs par leur origine, et devenus célèbres par les postes importants qu'ils ont occupés. Tous ceux qui avaient un mérite réel, à quelque rang qu'ils appartinssent, étaient toujours assurés de parvenir. Souvent même ils étaient récompensés de la capacité et du dévouement dont ils faisaient preuve, par leur admission dans les rangs de la noblesse. Car il n'y avait point alors, pas plus qu'aujourd'hui, de barrière infranchissable ; et la noblesse était heureuse de se recruter en appelant à elle les grands caractères et les grands talents.

Mais il est une autre société, qui nous offre depuis plus longtemps l'exemple d'une constitution fondée sur le principe de l'Égalité parfaite de tous ses membres, complétée par une hiérarchie basée sur le mérite. Cette société, modèle et mère de toutes les sociétés modernes, c'est l'Église. Tous les fidèles qui la composent sont égaux devant les dogmes qu'elle nous enseigne, devant les devoirs qu'elle nous prescrit, devant les sacrements qu'elle nous administre, devant les récompenses qu'elle nous promet et devant les peines dont elle nous menace dans une autre vie. Tous aussi ont un droit égal à s'élever dans sa hiérarchie par leur mérite et par leurs vertus ; et nous avons vu, sous le nom de Sixte-Quint, un simple pâtre couronné de la tiare. Ce principe de l'Égalité que les révolutionnaires prétendent avoir proclamé ne leur appartient donc pas. Avant qu'ils en jetassent le nom au peuple comme un appât, l'Église la mettait en pratique depuis des siècles ; et, en élevant un berger au faîte de sa hiérarchie, elle a prouvé qu'elle est vraiment la société de l'Égalité. C'est que l'Église prend ce principe là où il réside réellement, non dans la *Nature,* mais dans la Révélation, qui fait de tous les hommes des frères égaux en droits, parce qu'ils sont tous appelés aux mêmes destinées futures, et qu'ils ont tous été rachetés par le sang d'un même Dieu.

Animés, nous aussi, des sentiments de la fraternité chrétienne, nous trouvons juste que l'homme le plus obscur, s'il se trouve en concurrence avec un grand propriétaire ou un riche industriel, soit préféré à ceux-ci ; pourvu qu'il soit plus intelligent, plus instruit, plus intègre et plus honorable ; mais nous réclamons aussi cette égalité en faveur des classes propriétaires et commerçantes. Les hommes qui appartiennent à ces classes ne prétendent point être préférés à cause de leur position sociale ; mais ils sont en droit d'exiger que cette supériorité ne les fasse pas exclure du concours. Ils ne demandent point que le rang et la fortune leur donnent un privilége ; mais ils demandent que la pauvreté et le travail ne soient pas un privilége contre eux.

Or, c'est malheureusement ainsi que l'entend la démocratie. Pour elle, l'Égalité n'est pas le mélange de toutes les classes avec le mérite et l'honorabilité pour seule distinction ; mais bien l'effacement des classes supérieures devant les classes ouvrières. Nous ne pouvons admettre cette exclusion que nous déclarons éminemment oppressive et anti-libérale : nous voulons que tous, quelle que soit leur condition, soient admis à faire profiter le pays de leur patriotisme et de leurs capacités.

Quant à l'Égalité devant la loi, elle est de toute justice, dans un pays où règne l'Égalité civile ; et personne ne songe à la contester. Nous trouvons même que, s'il devait y avoir deux poids et deux mesures suivant la position des coupables, c'est pour les plus haut placés que devrait être réservée la répression la plus rigoureuse, leur position les mettant à l'abri du besoin, leur éducation devant les prémunir contre les tentations, et le scandale commis par un crime étant d'autant plus grand que le criminel est plus en évidence dans la société.

Ainsi donc, nous admettons l'Égalité civile et l'Égalité devant la loi. Mais, en appelant tous les citoyens à s'élever aux postes supérieurs de la société, nous pensons que la meilleure sauvegarde de leurs droits nouveaux est le respect des droits anciens et des positions acquises. Aussi repoussons-nous énergiquement l'Égalité absolue, c'est-à-dire le nivellement brutal de toutes les conditions et de toutes les fortunes, la spoliation des possessions les plus légitimes et la négation de tous les droits reconnus.

Avec une telle Égalité, comme il faut toujours des distinctions parmi les hommes et que c'est un besoin pour certaines natures d'obéir, comme pour d'autres de commander, nous verrions surgir, à défaut d'autre supériorité, celle de la force physique ; et, tout bien considéré, nous préférons, à cette sorte de supériorité, celles que la société admet encore aujourd'hui.

CHAPITRE CINQUIÈME.

LA LIBERTÉ.

« Quand une fois, a dit Bossuet, on a trouvé « le moyen de prendre la multitude par l'appât « de la Liberté, elle suit en aveugle pourvu qu'el- « le en entende seulement le nom. »

Cette parole du grand orateur semble prononcée de nos jours, tant elle s'applique merveilleusement à la situation des esprits à notre époque. En effet, parmi ceux qui *suivent en entendant ce nom,* combien y en a-t-il qui soient en état de définir nettement ce qu'ils entendent par la Liberté ?

S'il ne fallait la juger que par les actes de ceux qui se disent ses disciples et ses révélateurs, on aurait droit de se renfermer, à son égard, dans une extrême défiance. Quand on se rappelle toutes les proscriptions dont la France a gémi, toutes les exécutions dont elle a été ensanglantée, toutes les barricades qu'elle a vu élever ; et quand on songe que tous ces maux lui ont été infligés au nom de la Liberté, on est tenté de maudire cet être malfaisant qui ne s'est fait connaître à nous jusqu'ici que par du sang et par des larmes. Certes, il faut que la Liberté réponde à un sentiment bien profond et à un instinct bien intime de notre nature, pour que son lugubre cortége ne nous fasse pas reculer avec horreur et pour que nous en poursuivions encore l'idéal, après tant de déceptions et d'infortunes !

Mais il serait injuste de mettre à sa charge les horreurs commises par des scélérats qui se couvraient de son nom. Écartons donc les bonnets phrygiens, les faisceaux des licteurs et les piques sanglantes dont la Liberté nous apparaît environnée ; et cherchons ce qu'elle cache d'éternellement vrai et d'éternellement grand, sous les travestissements odieux ou grotesques dont l'ont affublée les révolutionnaires.

Mais, pour bien comprendre ce que renferme un mot si vague et généralement si mal interprété, il faut l'envisager de plus d'un côté, aussi considérerons-nous la Liberté au point de vue moral et philosophique, au point de vue social et au point de vue politique.

I.

La Liberté morale et philosophique est la faculté donnée à l'homme d'opter entre le bien et le mal, par un acte de sa volonté ; et de régler sa conduite extérieure suivant ce choix.

Mais ce libre arbitre, en lui permettant de se déterminer pour l'une ou l'autre de ces deux alternatives, ne lui donne pas pour cela le droit de les embrasser indifféremment toutes les deux ; et ne crée pas pour lui l'affranchissement de toute règle et l'irresponsabilité morale. L'homme peut choisir ; mais à charge de supporter les conséquences de son choix. La Liberté, loin d'établir l'égalité et l'identité du bien et du mal, est, au contraire, la démonstration implicite de leur antagonisme : car, s'il y avait identité entre ces deux principes, il ne saurait y avoir de choix ni par conséquent de liberté.

La Liberté ou, si l'on aime mieux, le libre arbitre, suppose donc une loi qu'on peut, à son gré, observer ou enfreindre et une sanction dont on encourt, par cela même, les rigueurs. Enfin cette loi et cette sanction supposent un législateur supérieur à l'homme.

C'est vainement que, frappée de l'absurdité flagrante que présente la doctrine de l'identité du bien et du mal, et effrayée des dangers auxquels une telle aberration livrerait la société, une secte nouvelle s'est posée en révélatrice des lois morales, sans faire découler ces lois d'aucune notion religieuse. C'est vainement que, pour faire accepter ses creuses spéculations, elle les a revêtues d'une dénomination spécieusement choisie, et qu'elle a décoré sa morale, affranchie de tout dogme, du nom de *Morale indépendante*.

Il n'était pas besoin de la parole éloquente qui

s'est élevée récemment de la chaire de Notre-Dame, pour démontrer l'inanité d'une telle doctrine. L'énoncé de sa formule, est, à lui seul, une réfutation. En effet, cette morale est indépendante de qui ? Indépendante de quoi ? D'une volonté divine ? Mais alors elle est également indépendante de toute sanction, de toute peine et de toute récompense ; car nous mettons au défi tous les sophistes de nous prouver l'existence d'une loi et d'une sanction, s'ils n'admettent d'abord l'existence d'un législateur et si ce législateur ne manifeste lui-même sa volonté.

Ne l'eût-il fait connaître aux hommes que par cette sorte de révélation intérieure qu'on appelle la loi naturelle, la morale que nous commande cette loi ne serait pas pour cela indépendante ; car, pour résider dans le cœur de l'homme, elle n'émane pas de lui. L'homme la découvre en lui, la constate ; mais il ne la crée point ; et il ne lui appartient pas d'y rien changer. Quelle que soit la formule, plus ou moins parfaite ou plus ou moins rudimentaire des préceptes moraux qu'on rencontre dans les législations des divers peuples, ou dans les écrits des philosophes des divers temps, pas un de ces préceptes n'est sorti d'un cerveau humain ; car pas un n'aurait eu droit de s'imposer aux hommes s'il n'eût procédé d'une source et d'une autorité supérieures à l'homme. Bien plus, non-seulement nous sommes incapables d'établir de nous-mêmes une loi morale ; mais, entraînés par l'infirmité de notre nature sensible, nous tendons sans cesse à obscurcir celle que nous découvrons inscrite dans notre cœur. L'antiquité qui, outre la loi naturelle, avait conservé un fragment de la Révélation qu'elle avait emportée du berceau commun de l'humanité, ne cessa de laisser empiéter la nature corporelle sur la nature morale, jusqu'à en venir à diviniser ses appétits et ses passions. Ses plus grands philosophes, malgré l'effort de leur génie, n'ont pu s'élever plus haut que les préceptes primordiaux de la loi naturelle, et n'ont pas même soupçonné les déductions complémentaires que nous en a fait connaître la Révélation.

Nous qui naissons aujourd'hui entourés des lumières de l'Évangile, qui sommes habitués à vivre au milieu d'elles, nous ne pouvons nous imaginer quel était l'état de la raison humaine avant qu'elle en fût éclairée et à quel degré d'obscurité et d'abaissement elle retomberait bientôt si elle en était privée tout-à-coup. Ceux-mêmes qui se croient le plus indépendants sont obligés de mendier à la vérité catholique les quelques principes qu'ils veulent bien admettre encore, et nous défions hautement tous les tenants de la morale prétendue indépendante d'en formuler un seul qui n'ait été proclamé avant eux par la première ou par la seconde Révélation.

C'est pourtant avec de pareilles pauvretés, avec des mots sonores, recouvrant des idées fausses et souvent même absurdes, que les ennemis de la religion entreprennent de la combattre. La plupart des journaux démocratiques sont devenus, dans ces derniers temps, de petites chaires où des théologiens amateurs prêchent l'excellence de la morale indépendante et se tourmentent pour démontrer qu'elle doit obliger les hommes, sans faire appel à aucune sanction. Il est plaisant de voir les efforts auxquels ils se livrent pour tourner contre le catholicisme des vérités et des lois qu'ils lui ont dérobées ; et leur impudence n'a d'égale que la facilité avec laquelle le public se laisse égarer par leurs sophismes et leur verbiage trompeur.

Pourvoyeurs ordinaires de la démocratie, ne vous donnez pas tant de peine pour vous guinder jusqu'aux sommets de la théologie, contentez-vous de servir à vos lecteurs leur pitance quotidienne de prêtres calomniés et de scandales inventés ; continuez à exploiter les quêtes, le denier de saint Pierre, les refus de sépulture, etc., etc. C'est en cela que vous excellez ; ce genre vous appartient en propre ; n'en cherchez pas de plus élevé ; c'est celui que préfère votre public : vos lecteurs habituels n'ont nul besoin de la morale indépendante, étant eux-mêmes, pour la plupart, fort indépendants de toute morale.

Vous aurez beau entasser les sophismes sur les arguties ; l'homme est libre, il est vrai, mais il n'est pas indépendant. Il peut méconnaître et transgresser la loi ; mais la loi est supérieure à sa révolte, et, en attendant la sanction de la justice éternelle, il trouve un châtiment anticipé dans le cri de sa conscience, que tous les efforts d'une fausse philosophie ne parviendront jamais à étouffer.

II.

La Liberté sociale est l'état d'un peuple qui jouit d'une complète autonomie, et dans lequel tous les individus ont le droit d'user librement d'eux-mêmes et des choses qui leur appartiennent, en tant que cela ne nuise à personne.

C'est en ce sens, surtout, que la Liberté était comprise dans les sociétés antiques.

A ces époques reculées, les hommes étaient parqués dans des nationalités jalouses, ne se connaissant que par leurs rivalités, et ne communiquant entre elles que par la guerre. Or, la guerre ne se faisait pas pour servir une idée ou pour venger une injure nationale, elle avait, avant tout, pour but la conquête et la spoliation. Non-seulement les États conquis étaient confisqués au profit des conquérants ; mais encore le vaincu devenait l'esclave du vainqueur, c'est-à-dire sa propriété, sa chose. Il tombait au rang des animaux domestiques, n'ayant comme eux ni droits ni volontés, n'ayant pas même une famille, n'ayant pas même la vie assurée ; car le maître avait sur son esclave droit de vie et de mort. On comprend qu'avec une semblable perspective après la défaite, les peuples anciens préférassent mourir que se rendre ; et on s'explique l'espèce de culte dont ils entouraient la Liberté, puisqu'elle réprésentait pour eux, l'indépendance, la vie et jusqu'à la dignité d'homme.

Il appartenait au Christianisme de faire disparaître l'esclavage, cette plaie honteuse des sociétes antiques. Son divin fondateur, en prononçant cette parole : « *Vous êtes mes amis et non point mes esclaves,* » l'avait condamné sans retour. Aussi, dès son origine, l'Église ne cessa-t-elle de travailler de tout son pouvoir à le déraciner. Sous son influence civilisatrice, il se changea d'abord en *servage,* forme adoucie qui laissait encore le serf dans une grande dépendance vis-à-vis de son maître ; mais qui, du moins, imposait à celui-ci certains devoirs. Puis, avec le régime féodal, vint le *vasselage*, qui, en confiant aux vassaux la culture de la terre, leur imposait, en même temps, le service militaire vis-à-vis du possesseur ; comme à celui-ci le devoir de défendre ses vassaux quand ils étaient menacés. Avec le temps, cette institution devint une sorte de domesticité volontaire, et l'émancipation absolue était, depuis longtemps, accomplie en fait, lorsqu'éclata révolution de 1789.

Ainsi nous jouissons en France, d'une parfaite liberté sociale. Nous n'avons pas à sauvegarder notre autonomie, puisqu'elle n'est point menacée ; et d'ailleurs, dès qu'elle serait le moins du monde attaquée, il ne serait pas nécessaire de réchauffer le patriotisme français qui se soulèverait de lui-même en présence de l'étranger ; et nous n'avons point non plus à réclamer la liberté individuelle, puisque nous la possédons aussi complète qu'on la puisse désirer.

Mais la liberté de chacun est entraînée par une propension irrésistible à porter atteinte à la liberté de tous. La société, chargée de tenir la balance dans ce conflit de tous les intérêts, a édicté des lois pour régler les rapports entre ces deux libertés. Mais ces lois, pour être légitimes, et même pour être pratiquement applicables, ont besoin de s'appuyer sur les principes immuables de la morale. En un mot, la loi n'oblige pas parce qu'elle est la loi ; mais au contraire elle n'est loi que parce qu'elle est la formule sensible et la promulgation extérieure et immédiate d'une loi supérieure, préexistante et imprescriptible.

Si la loi était, au contraire, comme le prétendent les révolutionnaires, une institution purement humaine et toute conventionnelle, il est clair que les hommes pourraient la modifier à leur gré, quand ils seraient d'accord pour le faire. S'il plaisait au plus grand nombre, par exemple, de s'approprier le bien d'autrui, nous verrions s'organiser le vol légal sous le nom de socialisme, le précepte « *tu ne déroberas point* » étant une formule humaine vieillie et bonne pour les sociétés à l'état d'enfance, mais insuffisante pour notre degré de progrès et de civilisation. S'il plaisait à la majorité de la nation ou à une fraction qui, par son audace, imposerait au plus grand nombre et aurait l'art de se faire passer pour la majorité, de déclarer l'assassinat chose licite, nul n'aurait le droit de s'y opposer ; et nous verrions reparaître les *fournées* de l'échafaud, qui constitueraient l'assassinat légal. Si le moyen ne semblait pas assez expéditif, rien n'empêcherait la multitude d'opérer elle-même ; et on nous ramènerait l'assassinat légal des massacres de Septembre et des noyades de Nantes. Si le semblant dérisoire de jugement qu'on observait encore dans ces abominables tueries, paraissait une lenteur superflue, on pourrait apporter un nouveau perfectionnement à l'assassinat légal ; et nous verrions les démagogues inviter le peuple à se faire justice lui-même, comme il n'a pas manqué de tribuns pour l'y pousser en 1848. Notre siècle porterait le progrès jusque dans le meurtre, et nous serions dotés de l'innovation des massacres à domicile.

Qu'on ne suppose pas que ces sombres perspectives soient des imaginations d'un cerveau troublé par la crainte qui grossit et défigure les objets. Nous croyons connaître le but de la démocratie révolutionnaire et nous le regardons comme le résumé de toutes leserreurs et de toutes les abominations ; mais, Dieu merci, nous n'en avons point peur. Nous nous sommes accoutumé, dès notre première jeunesse, et presque dès notre enfance, à envisager l'avenir sous les couleurs les moins riantes, et nous devons à cette habitude d'être préparé à tous les événements. Nous lui devons aussi d'être déterminé à résister, dans la mesure de nos forces, avec la dernière énergie ; et, si nos efforts étaient impuissants à repousser les tentatives de l'anarchie et du crime, nous espérons être supérieur à tous les revers par l'inébranlable constance du chrétien, qui considère un but supérieur à cette vie ; et par cette force intérieure qui est sa vertu suprême, par la résignation.

Il faudrait, d'ailleurs, qu'on eût sous les yeux un bandeau bien épais d'illusions, pour qu'on se refusât à voir où tend la Révolution et quels projets elle déguise sous ses protestations humanitaires. Les déportations, les exécutions, les fusillades, les noyades de la première République appartiennent à l'histoire ; et ces atrocités ne sont séparées de nous que par une période de moins d'un siècle. Tous les hommes qui dirigent aujourd'hui le parti démocratique sont fils, par le sang ou par les idées, de ceux qui tenaient alors la hache et signaient les arrêts de proscription et de mort. La révolution de 1830, qui est un fait presque contemporain, nous a révélé sa filiation avec la République de 1793 par le sac de l'Archevêché et par le pillage de Saint-Germain-l'Auxerrois. La petite République de 1848, trop faible pour se donner les divertissements sanglants de son aînée, s'est vengée, du moins, par ses paroles, de son impuissance d'action, et la tribune de l'Assemblée Nationale a retenti de l'apologie de Robespierre et de Marat. Nul doute que nous n'eussions vu remettre en pratique les théories gouvernementales de ces monstres, si le grand parti de l'ordre n'eût renversé les barricades de Juin : au prix de combien de sang français a-t-il fallu acheter cette triste victoire !

Dix-huit ans nous séparent de cette époque, et, loin de s'être apaisé, l'esprit de meurtre a fait depuis lors de sourdes et incessantes conquêtes ; la lave qui bouillonne sous le sol que nous foulons se trahit, de temps à autre, par des éruptions partielles, telles que l'affaire de la Marianne et des Ardoisières d'Angers, telles que le récent Congrès de Liège, où des jeunes gens, qui comptent sur l'avenir et cherchent à se faire désigner d'avance comme les chefs du mouvement anti-social, demandaient cent mille têtes et la destruction totale de la bourgeoisie !

C'est à de telles horreurs que conduit inévitablement la confusion du bien et du mal qui se retrouve au fond de tous les principes de l'école démocratique. Car il n'y a pas, en réalité, de transaction possible entre ces deux extrêmes, dont l'antagonisme est aussi vieux que le monde. Si le mal n'est énergiquement refréné, il opprimera infailliblement le bien ; et les révolutionnaires eux-mêmes nous le prouvent, en toute circonstance, par la sympathie instinctive qu'ils ne peuvent s'empêcher de témoigner pour le mal. En demandant l'abolition de la peine de mort, ne sont-ils pas allés, en quelque sorte, jusqu'à prendre parti pour le meurtrier contre la victime, ? Et en même temps, par une inconséquence aussi déraisonnable que criminelle, il en est parmi eux qui feraient volontiers de l'échafaud leur auxiliaire politique. Ils ne reconnaissent pas à la société le droit d'ôter la vie à un assassin ; mais ils font l'apologie des auteurs du meurtre du 21 Janvier ! Ils veulent sauver un Dumolard ou un Jacques Latour ; mais ils conservent une hache toujours aiguisée pour un nouveau Louis XVI !

Quant nous, qui reconnaissons l'existence du bien et du mal et leur hostilité constante, nous plaçons la véritable Liberté dans le triomphe du premier de ces deux principes.

Le Mal est, dans l'ordre social, tout ce qui, au nom de l'individualisme, s'attaque à la liberté commune, en attentant à la propriété, à la vie, à la famille, à l'honneur des membres de la société. Toutes ces choses sont sacrées ; et si, au nom de son libre arbitre, l'individu peut leur porter atteinte, la société n'a pas le droit, en le laissant impuni, de se faire sa complice. Elle n'a pas, comme lui, le droit d'opter entre le bien et le mal ; elle doit, au contraire, être la protection et la sauvegarde du bien ; et elle ne peut se refuser à accomplir cette mission préservatrice, sans porter aussitôt la peine de sa faiblesse ou de sa coupable connivence avec le mal. Le bien est la loi même de son existence ; si elle n'assure son triomphe exclusif, le mal l'envahira bientôt, l'enlacera, la dominera et amènera le règne de la force brutale, la barbarie, et, finalement, l'anéantissement de l'espèce par elle-même.

Vainement les révolutionnaires voudraient nier les droits du bien. Le jour où ils auraient renversé l'ordre social, grâce au déchaînement du mal qu'ils ont provoqué, ils seraient contraints de répudier et de réprimer ce terrible auxiliaire, s'ils voulaient fonder une société nouvelle. Ils seraient contraints de rétablir par la force les principes qu'ils auraient eux-mêmes brisés, sous peine de voir l'humanité tomber de déchéance en déchéance jusqu'à l'état sauvage, qui est précisément celui de l'homme sans lois.

Le Bien est, au contraire, tout ce qui porte l'individu à faire abstraction de lui-même et de ses intérêts propres en vue de l'intérêt général ; c'est-à-dire, le détachement, l'abnégation et la charité. Or, comme ces vertus ne nous ont jamais été plus excellemment enseignées et recommandées que par le Catholicisme, nous sommes conduits à reconnaître cette religion sainte pour la meilleure institutrice et la meilleure préservatrice de la Liberté sociale. Si tous les hommes, se soumettaient volontairement à ses prescriptions, il n'y aurait pas besoin d'une loi extérieure pour sauvegarder la liberté commune, que la loi religieuse protége plus énergiquement que toutes les lois humaines. Elle fait plus encore, elle va jusqu'à protéger l'individu contre lui-même, en lui enjoignant de réprimer ses passions et de ne se point confier à ces guides séducteurs qui ne font que l'égarer et le conduire à l'infortune, en lui persuadant qu'il marche vers le bonheur.

Aussi, pour résumer notre pensée, dirons-nous avec la fermeté que nous donne une conviction ardente : la Révolution est l'ennemie de la Liberté sociale ; tandis que l'Église, cette grande émancipatrice de l'humanité, est son plus sûr rempart et son véritable palladium. Il ne saurait y avoir de Liberté sociale si la loi humaine, qui en est la gardienne, ne formule ses prescriptions selon les lois éternelles et divines que le Catholicisme nous a fait connaître dans toute leur lumière.

III.

La Liberté politique est la faculté laissée à chacun d'user sans entraves de tous ses droits de citoyen.

La réforme qui s'est accomplie en France à la fin du siècle dernier, en détruisant tout corps privilégié dans l'État, en consacrant l'égalité de tous les membres de la nation, les a, par cela même, appelés tous à la gestion des affaires publiques.

Malheureusement, après 1789, cette réforme outrepassa le but, et devint bientôt une révolution, en brisant le contrat qui liait entre eux le Souverain et la Nation ; car, ainsi que nous l'avons dit, il n'appartient pas au peuple de changer la forme des gouvernements. Mais nous accordons qu'il a, sur leurs actes, un droit de contrôle, que le pays doit connaître ses propres affaires, et, au besoin, être entendu quand il croit avoir quelques réclamations à élever sur la manière dont elles sont administrées. Ce principe, du reste, pour être formulé avec cette netteté, n'est pas chez nous une chose nouvelle. Dans les temps mêmes où notre ancienne monarchie se montra le plus absolue, elle ne cessa de s'entourer des représentants de la nation et d'écouter leurs conseils dans les Champs-de-Mars, les Champs-de-Mai, les États-Généraux et les Assemblées des Notables. En outre, l'esprit public put toujours exprimer ses vœux et même adresser ses remontrances, par la voix des Parlements.

Or, à quoi se borne aujourd'hui les droits du citoyen ? A déposer un vote dans l'urne électorale, à de rares intervalles, et, le plus souvent, sans savoir ce qu'il fait ni même ce qu'il veut. Cet acte accompli, l'électeur n'a plus aucune relation avec l'homme qu'il a investi de ses pouvoirs ni aucun moyen de faire entendre à celui-ci un blâme ou un éloge sur la manière dont il remplit son mandat. Nous ne pensons pas que cette participation à la vie publique, tout accidentelle et transitoire, soit suffisante. Selon nous, dans la disposition actuelle des esprits, une liberté plus grande est un besoin ; et nous croyons qu'un gouvernement, quand il a confiance dans sa force, fait, en accordant à la nation des droits plus étendus, un acte de saine politique autant que de libéralisme. Or, la manière à la fois la plus efficace et la plus sage de favoriser le développement de la Liberté, serait, à notre avis, de diminuer, autant que possible, la centralisation administrative et le monopole *bureaucratique* qui, par leurs mille dégrés hiérarchiques, enserrent le pays dans un réseau de fer. Nous n'avons point à développer ici la question de la décentralisation qu'ont si brillamment élucidée les hommes éclairés rassemblés en comité à Nancy. Mais nous voulons, du moins, exprimer à ces généreux citoyens toute notre reconnaissance pour leur courageuse initiative ; et joindre notre adhésion, si obscure qu'elle soit, aux éclatants témoignages de sympathie que leur ont adressés les plus hautes et les plus respectables autorités. Nous pensons, nous aussi, que c'est en faisant eux-mêmes les affaires de leur commune que les Français s'habitueront à comprendre celles du pays tout entier, et nous appellons de nos vœux le réveil de la vie communale et départementale comme étant le plus propre à les mettre en mesure de prouver qu'ils sont capables de posséder la Liberté.

Sans doute, cette Liberté qui, sagement pratiquée, serait pour nous un bien précieux, peut, dans certaines circonstances, devenir un don funeste. Nous n'ignorons point, et nous l'avons déjà dit plus d'une fois, qu'à côté des hommes honnêtes et paisibles qui la demandent pour elle-même et pour l'employer au bien, se trouve un parti qui ne la réclame que pour en faire un ferment d'agitations politiques. Aussi, ne prétendons-nous pas l'avoir sans réserves; mais nous maintenons, néanmoins, que les limites devraient en être plus étendues.

Nous chercherons donc à définir les principales libertés publiques : ce sont la liberté des Cultes, la liberté d'Association, la liberté d'Enseignement et la liberté de la Presse. Ces libertés sont sociales tout autant que politiques. Ce que nous avons dit précédemment démontre assez qu'elles ne doivent point être la licence absolue et la libre expansion du bien et du mal. Quelque généreuse que soit la confiance de ceux qui pensent que le bien a par lui-même une assez grande force pour résister au mal, il nous semble impossible d'admettre cette théorie que démentent l'observation et l'expérience.

Les faux-prophètes de la Révolution ne proclament la neutralité du pouvoir, en présence de la lutte de ces deux principes, que pour mieux capter les esprits à qui ils feraient horreur en proclamant hautement la liberté exclusive du mal. Mais, dans la pratique, c'est vers ce but caché que nous les voyons tendre. Pour eux, la Liberté semble consister, avant tout, dans l'affranchissement ou, pour mieux dire, dans la révolte de l'homme vis-à-vis de Dieu et de la loi qu'il nous a révélée. Ce qui prouve, jusqu'à l'évidence, que derrière leurs protestations de libéralisme se cache cette constante préoccupation, c'est que, lorsqu'ils en ont le pouvoir, ils ne reculent pas devant les mesures les plus anti-libérales et les plus oppressives, pour entraver tout ce qui pourrait favoriser les intérêts religieux et pour encourager tout ce qui peut leur nuire.

Bien plus, quand il s'agit de lutter contre la Religion et l'Église, ceux des Libéraux qui parlent le plus bruyamment de leur indépendance ne craignent pas de se mettre sous les pieds des gouvernements civils et de se faire leurs instruments aveugles. Ces fiers amis de la Liberté ne redoutent pas un peu de servitude, pourvu que le collier qui les attache soit convenablement doré et que leurs passions soient toujours sûres d'avoir « *le pain et les jeux du cirque.* » Ils craignent bien davantage un pouvoir qui, en les rendant libres d'exercer les plus nobles facultés de leur esprit et de suivre les plus généreuses inspirations de leur cœur, leur enjoindrait de maîtriser leurs mauvais penchants et laisserait chômer leurs passions.

Ne nous laissons point duper par les protestations de ces faux amis de la Liberté, n'oublions pas qu'ils portent un double visage ; et, sous celui qu'ils nous montrent, sachons apercevoir celui qu'ils nous cachent. N'imitons pas leur feinte ; et, s'ils proclament la Liberté du bien et du mal pour étouffer le bien, affirmons, nous, nettement et énergiquement, que la seule Liberté vraie, la seule nécessaire, c'est la Liberté du bien.

Les Libéraux ne sont que les exploiteurs de la Liberté : les Catholiques, au contraire, seront toujours ses amis, ses fils et ses défenseurs à outrance. Car, la réclamant au nom de leurs devoirs et non point au nom de leurs intérets, il n'y aura pas d'espérances qui puissent les tenter, pas de promesses qui puissent les séduire, pas d'avantages qui puissent les gagner, tant qu'ils n'auront pas cette Liberté du bien, qui est pour eux plus qu'un droit, qui est la condition nécessaire de leur existence morale et religieuse.

Aussi sont-ils les seuls qui puissent résister toujours et protester jusque sur l'échafaud contre les oppressions du pouvoir ; aussi l'Église, leur mère et leur guide, est-elle le seul boulevard vraiment indestructible contre le despotisme de l'Etat et contre l'anarchie révolutionnaire.

CHAPITRE SIXIÈME.

LA LIBERTÉ DES CULTES.

Quand les réformateurs religieux du XVIe siècle, précurseurs et ancêtres des philosophes impies du siècle dernier, entreprirent de renverser l'Église, il leur fallut trouver, pour asseoir les croyances, une autre base que l'autorité traditionnelle contre laquelle ils allaient s'insurger. Tout en acceptant la Révélation, ils la soumirent, pour ainsi dire, au contrôle de l'homme. Ils firent reposer toute croyance sur l'interprétation individuelle des Écritures, et laissèrent ainsi chacun maître de prendre dans un corps de doctrines ce qu'il lui plairait d'en emprunter, ou même, s'il n'en voulait rien prendre, de le rejeter tout entier.

C'est ce qu'on appelle le Libre Examen.

Mais cette manière conditionnelle d'admettre la Révélation, équivaut, par le fait, à la repousser absolument. Car si les hommes, par leur rupture avec l'autorité de l'Église, deviennent libres, quant à leur foi, vis-à-vis de leurs semblables, ils ne sauraient le devenir vis-à-vis de la vérité. En d'autres termes, au-dessus de toutes leurs opinions personnelles, il y a une vérité unique, qu'ils peuvent accepter ou rejeter, à charge d'être responsables vis-à-vis de Dieu, mais qu'il ne leur appartient pas de modifier ; et, de tant de sentiments divers, il ne peut y en avoir seulement deux qui soient fondés.

Ériger en principe que chaque homme peut trouver la vérité lui-même et dire que tous ont également raison, bien que tous soient en désaccord, n'est donc pas seulement une hérésie, c'est une absurdité. Le Libre Examen peut être le droit laissé à tous de rester dans l'erreur ; mais il ne saurait être la voie qui conduit à la vérité, puisque, ainsi que nous venons de le dire, la condition première de la vérité est l'unité et que le Libre Examen n'aboutit qu'à la diversité.

Mais, depuis la Réforme protestante, on est allé plus loin encore et on a dit, non plus seulement que l'homme pouvait, par la seule force de sa raison, trouver la vérité complète, ce qui était déjà la négation de toute Révélation ; mais encore que c'était son consentement même qui faisait la vérité de l'idée à laquelle il accordait sa croyance. Il est impossible de nier plus explicitement qu'il y ait aucune vérité supérieure à l'homme.

C'est en effet à cette conséquence qu'en est venue, après bien des hésitations et bien des vicissitudes, l'école des libres-penseurs. De suppressions en suppressions, elle en est arrivée à la négation la plus absolue, la plus radicale, de toute vérité de l'ordre surnaturel ; elle est allée, s'il se peut, plus loin que l'athéisme, et son dernier mot a été le *positivisme* de M. Littré, c'est-à-dire la négation de tout ce que nos sens ne peuvent constater.

Il résulte de ce qui précède qu'une religion qui

a foi en elle-même doit nécessairement être exclusive et déclarer qu'en dehors de ce qu'elle enseigne, il n'y a qu'erreur et mensonge. C'est ce que fait l'Église catholique. Dépositaire de vérités nettement définies, auxquelles elle ne peut rien ajouter et dont elle ne peut rien retrancher, elle doit, forcément, sous peine d'inconséquence, frapper de réprobation tout ce qui enseigne *plus* ou *moins* qu'elle n'enseigne elle-même. Il est donc injuste de lui faire un crime de son intolérance des idées, puisque c'est la loi même de son existence, et que la tolérance serait l'aveu implicite qu'elle n'est pas sûre de posséder la vérité.

Pour les catholiques, l'infaillibilité de l'Église ne peut être douteuse ; puisque c'est un point fondamental de leur foi que l'Esprit Saint l'assiste de ses inspirations, non-seulement dans les questions dogmatiques, mais encore dans la manière dont elle se gouverne au milieu des difficultés du siècle. Au point de vue même des rationalistes, ses décisions, si elles n'emportaient absolument la foi, devraient, du moins, être d'un grand poids. De toutes les croyances que l'humanité a reçues de sa raison, il n'en est pas une, en effet, qui repose sur une autorité aussi considérable, même philosophiquement parlant, que le corps de l'Église, tant par le nombre, la science, le caractère, et l'expérience des hommes qui la composent, que par l'invariabilité de sa tradition qui multiplie l'unanimité présente par l'unanimité de dix-huit siècles écoulés.

Quant à l'intolérance envers les personnes, dont on lui fait tous les jours un crime, l'Eglise se justifie de cette accusation, par l'obligation où elle est de défendre l'intégrité de ses doctrines et de préserver les siens contre les suggestions de l'erreur.

L'Église, en effet, n'est pas seulement un corps enseignant, elle est aussi une véritable société ; et même, nous l'avons déjà dit, avec sa parfaite hiérarchie, reposant sur des doctrines immuables, elle est le modèle des sociétés, société spirituelle avant tout ; mais aussi, dans une certaine mesure, temporelle, en ce qu'elle admet des formes extérieures, une hiérarchie de pouvoirs, et qu'elle influe profondément sur les sociétés civiles, qui sont fort différentes suivant qu'elles admettent ou n'admettent pas ses doctrines et sa suprématie. Tous les catholiques appartiennent à cette société par le baptême, c'est-à-dire, de leur propre mouvement, s'ils le reçoivent dans l'âge de raison, ou par la volonté de leurs parents, s'ils l'ont reçu avant l'âge de discernement. Or, de même que le hasard de la naissance qui fait de nous des Français, des Allemands, des Italiens, des Anglais, etc., nous oblige, sans que nous soyons consultés, et même contre notre gré, vis-à-vis des gouvernements civils dont nous naissons citoyens, et nous impose des lois que nous ne sommes pas admis à discuter ; de même le baptême nous fait citoyens de la société spirituelle qu'on appelle l'Église ; et elle a le droit de retenir ceux des siens qui voudraient s'élever contre elle par l'hérésie.

Aussi, comme le christianisme , avant même qu'il se fût répandu dans toute l'Europe, avait déjà rencontré des contradicteurs, et que nombre d'hommes, nés dans son sein, s'en étaient séparés par diverses hérésies, l'Église condamna-t-elle ces hérésies à mesure qu'elles se produisirent. C'était son droit d'avertir ses enfants, de leur signaler les erreurs qui s'écartaient de sa doctrine et d'engager les princes à prémunir, autant que possible, leurs États contre l'invasion de ces erreurs. Elle le pouvait d'autant plus légitimement que toutes les hérésies ont eu pour but d'innover dans l'ordre temporel, en même temps que dans l'ordre spirituel, et d'opérer des réformes politiques et sociales, en commençant par des réformes religieuses. Aussi, lorsque l'Église condamnait les hérétiques comme opposés à ses doctrines, les pouvoirs séculiers n'avaient-ils que trop de raisons de s'en prendre à eux comme gens de parti ; aussi les guerres dites religieuses furent-elles, sous ombre de religion, avant tout des guerres politiques.

Il serait facile de citer, depuis les Ariens jusqu'aux Albigeois, aux Hussites et aux Luthériens, toutes les sectes qui, commençant elles-mêmes par prendre les armes, nécessitèrent une répression à main armée. Nous nous bornerons à rappeler que, l'hérésie de Luther à peine déclarée, l'Allemagne entière était en feu, et que, moins d'un demi-siècle plus tard, la France était elle-même en proie aux plus sanglantes agitations. Voici ce que dit à ce sujet, Montaigne qui était philosophe, plus encore que chrétien : « Je doute que nul se soit rencontré d'entendement assez imbecille à qui on ait en bon escient persuadé qu'il tendait à la réformation par la dernière des difformations, qu'il tirait vers son salut par les plus expresses causes que nous ayons de très-certaine damnation ; que renversant *la police* (1), *le magistrat et les loix en la tutelle desquels Dieu l'a colloqué, desmembrant sa mère* et en donnant les pièces à ronger à ses anciens ennemis, remplissant de haines parricides les courages fraternels, appelant à son ayde les diables et les furies, il puisse apporter secours à la sacrosaincte doulceur et justice de la loy divine. » (2).

Nous rappellerons aussi que les doctrines luthériennes et calvinistes attaquaient le pouvoir royal, aussi bien que l'autorité religieuse, et que les souverains qui ont sévi contre les sectateurs

(1) Police, dans le français du XVIe siècle n'a pas le sens que nous lui attribuons maintenant. Il signifie la direction même de l'Etat ; le gouvernement, comme nous disons aujourd'hui.

(2) *Essais*. Livre III, chap. XII.

de ces idées n'ont fait que prendre les devants contre une conspiration patente, avouée, et agir à peu près comme Cicéron fit à Rome contre la conjuration de Catilina.

Mais, cette juridiction que l'Église prétend exercer sur ceux qui sont devenus siens par le baptême, elle ne la revendique point sur ceux qui ne lui appartiennent pas par ce lien indestructible, et elle ne prétend point contraindre par la force les infidèles à abjurer leurs erreurs, pour embrasser la vraie foi. Ce n'est point par les moyens violents qu'elle a établi son pacifique empire sur les âmes ; ce n'est point le sabre à la main, comme les sectateurs de l'Islamisme, que ses apôtres ont marché à la conquête du monde. Ils n'avaient pour arme que la Croix, pour force que la persuasion, le seul sang qu'ils aient fait verser c'est le

des Cultes, c'est-à-dire la faculté laissée à chacun d'adorer Dieu suivant l'idée qu'il s'en fait et de l'honorer à sa manière par des cérémonies extérieures, emporte avec elle la négation de toute vérité de l'ordre religieux. Il est impossible d'admettre que tous les cultes aient les mêmes droits : faire de cette égalité un principe, serait mettre sur la même ligne la vérité et l'erreur ; ce qui serait absurde, à moins qu'on ne reconnaisse ni vérité, ni erreur. Il est impossible de déclarer que toutes les religions sont bonnes, sans que, de cette proposition, on ne tire à l'instant cette contradictoire que toutes les religions sont mauvaises.

D'ailleurs, les libres-penseurs eux-mèmes, tout en proclamant le principe de l'égalité des Cultes, ne peuvent l'appliquer dans ses dernières conséquences. S'il prenait fantaisie à quelqu'un, par exemple, d'honorer la divinité par des sacrifices humains, nous doutons fort que, au nom de la libre-pensée, on le laissât accomplir ses holocaustes ; et, cependant, c'est une forme de culte qui a été très longtemps et très généralement pratiquée. Sans aller jusqu'à l'effusion du sang, s'il se formait une secte qui honorât la divinité, comme dans le paganisme, par des rites auxquels se mêlaient publiquement les plus grossières immoralités, il n'est pas probable qu'un tel culte fût toléré (1). Si la secte américaine des Mormons faisait parmi nous des prosélytes, et qu'ils réclamassent la liberté de pratiquer leur doctrine, dont le partage des biens et la communauté des femmes font partie intégrante, nous ne pensons pas qu'ils y fussent autorisés. Si seulement des Mahométans, auxquels la polygamie n'est pas interdite, se faisaient naturaliser Français et voulaient faire modifier, en leur faveur, la code civil qui consacre l'unité et l'indissolubilité du mariage, nous croyons que leur réclamation aurait peu de chances d'être écoutée.

(1) Qu'on ne vienne pas dire que tous les cultes qui blessent la Morale doivent, par cela seul, être interdits. Cette morale qu'on invoque est elle-même volée au Catholicisme ; et, si on n'admet cette religion, rien ne nous oblige à observer sa chaste morale. Les religions païennes dont nous parlons invitaient, au contraire, aux satisfactions sensuelles de la chair ; et, si ces religions régnaient encore aujourd'hui, la chasteté ne serait considérée que comme une niaise privation de plaisirs licites et même recommandés.

La tolérance accordée par les gouvernements civils a donc une limite ; et, en France, elle est bornée au Catholicisme, au Protestantisme, et au Judaïsme. Entre la tolérance des gouvernements et l'intolérance de l'Église, c'est donc simplement une question de *plus* ou de *moins* ; mais nulle part nous ne voyons l'application rigoureuse et logique d'un principe qui proclame l'égalité et la liberté de tous les Cultes.

Vraiment, lorsqu'on entend les révolutionnaires se faire les apôtres de la tolérance, on ne pourrait s'empêcher de sourire, si l'on ne savait de quelle influence déplorable pèsent leurs impudentes déclamations sur tant d'esprits qui ne peuvent en démêler la fausseté.

Ils reprochent à l'Église d'être intolérante et, bien qu'ils ne soient pas plus protestants que catholiques, ils n'ont pas assez d'éloges pour la Réforme, qui fut, selon eux, l'émancipation de la pensée, l'affranchissement de l'esprit humain, etc., etc. Ne savent-ils donc pas, ces amis de la liberté, comment s'est établi le protestantisme ? Ne se souviennent-ils plus des pillages, des incendies et des massacres commis par les réformés d'Allemagne ? Nous vanteront-ils la tolérance de Henri VIII ? Ont-ils oublié ses confiscations et ses persécutions ? Ont-ils oublié le nom de l'illustre et héroïque Thomas Morus ? Aujourd'hui encore, ne savent-ils pas quelle situation est faite aux catholiques, en Angleterre et dans les autres pays protestants,en Suède, par exemple ? Eux-mêmes, ne les avons-nous pas vus à l'œuvre en 1793 ; ne les avons-nous pas vus faire la chasse aux prêtres ; ne les avons-nous pas vus lier ensemble un prêtre et une religieuse, donner à ce révoltant et abominable enlacement le nom de *mariage républicain* et chercher, avant de les précipiter dans la Loire, à souiller la sainteté de leur caractère, avec une fureur plus infâme encore que cruelle ?

Et des hommes qui ne se soulèvent pas d'indignation au souvenir de ces horreurs, qui ferment les yeux sur elles, quand ils ne vont pas jusqu'à les excuser, de tels hommes osent se dire Libéraux ! Ils osent prononcer le mot de liberté religieuse ! A quels lecteurs pensent-ils donc s'adresser ? A qui espèrent-ils faire accepter de pareilles antiphrases ?

Remarquons, en outre, la différence profonde qui distingue l'intolérance de l'Église de celle de la Révolution. L'Église, constituée en société, n'a fait qu'user du droit de légitime défense, lorsqu'elle a employé la répression contre ses agresseurs. Lui en faire un crime serait aussi injuste que d'accuser la société d'avoir été intolérante envers les insurgés de Juin 1848. Nous n'ignorons pas que, dans le camp démocratique, il est des hommes qui profèrent une telle accusation ; mais nous n'ignorons pas non plus qu'il n'est pas un condamné qui ne se donne comme une victime de l'intolérance des cours d'assises.

La Révolution, au contraire, intolérante et sanguinaire pour tout ce qui n'est pas elle-même, n'a rien à protéger. Si elle use de violence, ce n'est que pour empiéter, pour usurper et pour détruire.

D'ailleurs, à quoi se réduit cet épouvantail de l'intolérance de l'Église ? Dans le passé, à quelques rares répressions, toujours précédées des derniers efforts pour amener à résipiscence les gens qu'elle condamnait ; et, le plus souvent, exercées, ainsi que l'a fait si justement remarquer M. Keller, dans l'intérêt même des coupables et pour éviter des maux plus grands (1). Dans le présent, nous avons beau jeter nos regards sur la monde catholique et sur Rome même, centre de l'Église, où elle tient à la fois en main l'autorité civile et l'autorité religieuse, nulle part nous ne voyons ni tortionnaires ni bourreaux. Nous

(1) Alors que l'Europe chrétienne réunissait spontanément des armées de volontaires pour repousser les musulmans du dehors, fallait-il rester sans défense contre ces musulmans du dedans, plus dangereux, puisqu'ils étaient plus cachés, plus coupables, parce qu'ils étaient plus hypocrites, qui, au fond, désertaient et trahissaient le drapeau de leur pays, qui outrageaient la foi universelle, et qui conspiraient contre toutes les libertés ? L'idée même d'une pareille tolérance n'aurait pu venir à ces hommes qui, croyant réellement et pleinement à la divinité de Jésus-Christ et à sa présence permanente en ce monde, lui ont élevé les splendides cathédrales du moyen-âge. Un outrage à Jésus-Christ ou à l'Eglise, leur était plus difficile à supporter qu'à leur propre père ou à leur propre mère Et, quand ils apprenaient que des juifs ou des hérétiques avaient foulé aux pieds la croix ou le corps même de leur Sauveur, il n'y avait pas de puissance humaine qui pût ni contenir leur indignation ni arrêter leur vengeance . . . .

S'il fallait donc alors une autorité supérieure, ce n'était pas pour exciter, mais au contraire pour calmer et pour modérer les

voyons, au contraire, les juifs et les protestants, libres à Rome autant qu'en aucune contrée du monde, et suivant leurs rites sans entraves, dans des temples de leur communion.

Si nous voulons envisager sainement les choses, n'oublions donc pas que chaque époque a eu sa raison d'être particulière, et gardons-nous de juger le passé avec les idées du présent. Rappelons-nous que, le plus souvent, l'étonnement que nous cause certains actes vient de l'ignorance où nous sommes des motifs qui les déterminaient. Gardons-nous, surtout, de juger l'É-

colères populaires ; ce n'était pas pour armer, mais, au contraire, pour retenir le bras séculier, toujours si prompt à frapper. C'est ce que fit l'Eglise, en se réservant à elle seule le droit de juger les crimes contre la foi, et en protestant énergiquement toutes les fois que les pouvoirs civils s'arrogeaient le droit de devancer ses arrêts. Le Saint-Siége blâma les massacres des juifs, et leur offrit toujours à Rome un asile inviolable, il protesta contre le supplice des Templiers, plus tard contre les dragonnades, et il prit souvent sur lui d'adoucir les décisions de cette fameuse inquisition espagnole, qui elle-même, on n'en peut douter, fut une digue au débordement des cruautés, chez un peuple irrité par des siècles de combats, et prêt, sur un soupçon, à exterminer les traîtres. (KELLER. *L'Encyclique et les principes de 1789*, Chap. IX.)

glise d'après les déclamations de ses plus mortels ennemis, et croyons que, dans toutes ses mesures, cette autorité, doublement sacrée, et par son origine et par le bien qu'elle a fait aux hommes, a eu un mobile supérieur à toutes nos appréciations.

Mais si l'Église est inflexible, en théorie, sur ce qu'elle regarde comme son droit, elle a toujours su se plier aux exigences des temps et des situations, dans les questions de pratique, tout en gardant l'intégrité de ses doctrines.

Aujourd'hui, par exemple, les sectes sont formées. A côté des Juifs, toujours stationnaires dans leur immobilité providentielle, mêlés à toutes les nations et toujours distincts au milieu des nations, nous avons en France diverses Communions Protestantes. Chacun de ces groupes pratique librement ses croyances ; mais celles-ci ne sont plus une source d'agitations pour l'Etat. Nous n'avons rien à dire contre la liberté dont ils jouissent. Nous pouvons les plaindre dans notre conscience de catholiques et dans la certitude où nous sommes qu'ils ne possèdent pas la vérité, nous pouvons nous efforcer, par tous les moyens de persuasion que nous donne une conviction ardente, de les ramener à la vraie foi ; mais nous ne demandons pas qu'un bras séculier intervienne pour leur faire abjurer leurs croyances ; et moins encore pour les contraindre d'embrasser les nôtres.

Mais cette liberté des Cultes que nos adversaires érigent en principe fondamental et dont ils font un ressort de tous les gouvernements, nous devons du moins y participer comme les autres ; ce *laisser-passer* accordé à toutes les doctrines religieuses, nous avons le droit de le revendiquer pour nous-mêmes ; et ils ne peuvent nous le refuser, sous peine de la plus criante inconséséquence.

Nous demandons donc que la Religion Catholique, qui est celle de plus de trente-cinq millions de Français, ne soit pas tous les jours publiquement insultée, que ses dogmes ne soient pas dénaturés ; que ses ministres ne soient pas calomniés ; que ses saintes associations, dont le plus grand nombre a pour but le bien de l'humanité autant que la gloire de Dieu, ne soient pas inquiétées ;

que ses cérémonies ne soient pas entravées ; que ceux qui professent ses dogmes et sa morale ne soient pas, pour ainsi dire, mis hors la loi et dépeints comme les ennemis de la société moderne ; nous demandons que les enseignements de notre Chef auguste et de nos vénérables évêques ne puissent être interceptés ; nous demandons, en un mot, que la liberté de Conscience ne soit pas seulement le droit de ne croire à rien ; mais qu'elle soit aussi le droit d'avoir une croyance et de la pratiquer.

Mais ce n'est point ainsi que l'entendent les Révolutionnaires et les sceptiques. En demandant l'Église libre dans l'Etat libre, ils ont pour but bien moins l'affranchissement de l'Église vis-à-vis de l'Etat que celui de l'Etat vis-à-vis de l'Église ; et ce but est rendu manifeste par cette autre formule : l'Etat doit être athée. En faisant de la liberté des Cultes un principe, ils sont bien moins préoccupés de l'intérêt du Judaïsme et du Protestantisme, que du préjudice qu'ils espèrent causer à l'Église Catholique par cette commune liberté. Pour eux, en un mot, la liberté de Conscience est bien moins le respect de tous les cultes que le respect de l'incrédulité qui s'offense de tout ce qui sollicite la croyance et la foi.

Aussi le leur dirons-nous bien haut : les véritables défenseurs de la liberté de Conscience, c'est nous ; car nous la réclamons au nom d'une croyance et vous voulez l'imposer au nom de l'incrédulité. Nous la réclamons comme un droit *positif*. vous l'invoquez comme un droit *négatif*. Dans cette question, comme dans tant d'autres, au bout de tous vos arguments se trouvent le vide et le néant, sans qu'aux principes que vous prétendez détruire vous en ayez aucun à substituer.

Malheureux ! quand vous aurez enlevé au peuple sa foi religieuse, qu'aurez-vous à lui donner à la place ? Croyez-vous, par les vagues promesses d'un progrès futur, apaiser cette soif de bonheur qui dévore tous les hommes et qui, si elle n'est dirigée vers les consolations de l'âme, se ruera impérieusement vers les satisfactions des sens ? Pensez-vous réformer les lois naturelles et voir la terre prodiguer d'elle-même à l'homme tous ses dons ? Prétendez-vous, comme Amphyon, élever les villes par la seule force de votre éloquence ? Prétendez-vous enfin que l'humanité, revenant à l'âge d'or, n'aura plus qu'à laisser couler ses jours dans une paisible indolence ? Vous qui niez Dieu, êtes-vous des Dieux vous-mêmes, pour abolir le mal et la souffrance ?..... Tant que l'homme sera condamné au travail, tant que les maladies et les infirmités s'appesantiront sur notre misérable espèce humaine, tant, surtout, que la mort lui apparaîtra comme le terme inévitable de son voyage, heureux ou malheureux, le bonheur ne sera point sur cette terre ; et toutes vos théories, tous vos systèmes seront impuissants à nous le procurer. Ah ! si vous êtes assez infortunés pour ne pas croire, du moins n'essayez pas de ravir aux misérables l'espoir d'un bonheur à venir, espoir qui est déjà pour eux une consolation dans le présent ; offrez leur, après les maux de ce monde, une autre perspective que le néant ; et sur le seuil de cette vie, où l'homme se trouve jeté sans sa participation, n'inscrivez pas l'épigraphe désolée que le Dante place sur la porte de son enfer.

Écoutez une voix qui ne vous sera pas suspecte ;

c'est un des vôtres qui parle, c'est Victor Hugo, l'un de vos coryphées, qui, dans un moment de sincérité, laisse échapper ces belles paroles : « Plus l'homme grandit, plus il doit croire. Il y a « un malheur dans notre temps : c'est une certai« ne tendance à tout mettre dans cette vie. En don« nant à l'homme, pour fin et pour but, la vie ter« restre, la vie matérielle, on aggrave toutes les « misères par la négation qui est au bout ; on ajou« te à l'accablement des malheureux le poids in« supportable du néant, et de ce qui n'est que la « souffrance, c'est-à-dire une loi de Dieu, on fait « le désespoir. Je suis de ceux qui veulent, avec « une inexprimable ardeur et par tous les moyens « possibles, améliorer dans cette vie le sort de « ceux qui souffrent ; mais je n'oublie pas que la « première des améliorations, c'est de leur don« ner l'espérance. » (1).

Nous aussi, nous voulons avec ardeur améliorer le sort de ceux qui souffrent, nous aussi, nous pensons que le meilleur remède pour eux est l'es-

(1) *Assemblée Législative.* — Séance du 13 janvier 1850.

pérance, et c'est pourquoi nous réclamons avec énergie le droit de cité, dans la société actuelle, pour la Religion Catholique, qui est, par excellence, la religion de l'espoir et de la consolation.

CHAPITRE SEPTIÈME.

LA LIBERTÉ D'ASSOCIATION & LE DROIT DE RÉUNION.

Parmi les nombreuses réformes que la Révolution a opérées, on doit regarder comme une des plus importantes la destruction de tous les différents corps qui jouissaient, avant elle, d'une vie propre au sein même de l'État, et qui, bien que soumis à la suprématie de celui-ci, formaient autant d'aggrégations indépendantes entre elles. Le nivellement de tous les pouvoirs et de tous les intérêts, accompli au nom de la liberté et de l'initiative individuelles, a produit des résultats diamétralement opposés à ceux qu'on pouvait en attendre, et il a eu, au contraire, pour effet l'anéantissement de toute force locale vis-à-vis du pouvoir central, le seul qui fût demeuré régulièrement constitué, l'oppression inévitable de l'individu par le monopole et l'asservissement du plus faible, laissé sans protection vis-à-vis du plus fort.

Ces conséquences déplorables de la Révolution, faciles à constater dans l'ordre politique, sont plus manifestes encore dans l'ordre social où nous voyons l'antagonisme des classes remplacer les relations de respect des inférieurs, vis-à-vis de leurs supérieurs, et de déférence de la part de ceux-ci, vis-à-vis de leurs inférieurs. L'isolement individuel a amené le conflit des intérêts, la concurrence implacable et, finalement, l'exploitation du travail par le capital et le développement lamentable du prolétariat. Aussi de nombreux efforts ont-ils été tentés pour redonner une cohésion à toutes les forces éparses, pour grouper en faisceau les intérêts divisés, pour demander enfin à l'association un remède contre les maux dont l'individualisme est venu frapper la société.

Mais l'esprit révolutionnaire, au milieu duquel nous vivons, que nous respirons, même à notre insu, et qui cherche à s'emparer de toutes les aspirations légitimes pour les faire servir à ses fins et en confisquer la popularité à son profit, l'esprit révolutionnaire, disons-nous, n'a pas tardé à se mêler à ces louables tentatives, à en exagérer le but et à en fausser la direction. Au lieu de faire reposer l'association sur la conformité des intérêts, tout en laissant aux individus leur indépendance, leur dignité et leurs conquêtes personnelles, les économistes révolutionnaires ont voulu faire entrer dans la communauté les fruits du travail, la manière de vivre, les personnes et jusqu'aux intelligences. Ils ont abouti de la sorte au Phalanstère de M. Fourier et au Communisme de M. Cabet, systèmes qui jettent tous les hommes dans le même moule, qui excluent toute volonté, toute existence individuelle et mènent directement à la promiscuité des femmes et à la suppression de la famille.

L'association ne doit point avoir pour effet d'anéantir ainsi l'individu ; mais, au contraire, de le protéger et d'augmenter ses forces, par l'appui de ses co-associés, sans qu'il abdique pour cela sa vie personnelle, en dehors de la sphère des intérêts mis en commun.

I

On doit faire honneur à notre époque d'une création nouvelle, aussi louable dans son principe qu'importante dans ses résultats, celle des associations financières. Bien dirigées, elles sont une source féconde de grandes entreprises et de prospérité. Nous leur devons déjà la réalisation d'œuvres tellement gigantesques que les Etats n'eussent pas osé les entreprendre, et que les âges passés n'eussent pu même en concevoir le rêve ; nous leur devrons bientôt, d'avoir abaissé la barrière des Alpes, d'avoir brisé la digue qui séparait deux mers et d'avoir ainsi transformé les conditions du commerce et de la navigation. Mais le principe de ces associations est aujourd'hui connu de tous, et, malgré les tromperies scandaleuses qui se mêlent parfois à ces spéculations collectives, elles sont en pleine prospérité. Ce n'est donc point de ces associations du capital que nous avons à nous occuper ici ; mais de l'association du travail, sur laquelle reposent essentiellement les intérêts des classes ouvrières et dont, par conséquent, l'organisation importe profondément à toute la société.

Mais il est nécessaire, avant tout, d'examiner la condition du prolétaire et de bien comprendre la situation qui lui est faite dans notre état social ; cette étude nous amènera à juger combien l'association lui est indispensable et à rechercher de quelle manière elle peut se réaliser le plus avantageusement pour lui.

Le prolétaire est celui qui, n'ayant reçu de ses ascendants aucun patrimoine et ne pouvant trouver dans son savoir et son intelligence le soutien de sa vie, est contraint de demander au travail de ses bras son pain de chaque jour et celui de sa famille. Toutefois nous exceptons de cette définition, trop absolue pour être rigoureusement exacte, les populations des campagnes, ainsi que ceux des ouvriers des villes dont le travail est assez assuré et l'industrie suffisamment rémunératrice, pour leur permettre de se créer, avec le temps, un petit capital. Nous ne comprenons, par conséquent, sous le nom de prolétaires, que cette fraction nombreuse des classes ouvrières qui vit au jour le jour, d'un travail précaire et souvent trop faiblement rétribué.

Or, quand le prolétaire aura, après plusieurs années d'un apprentissage sans salaire, acquis l'éducation professionnelle qui lui est indispensable, loin de voir s'ouvrir devant lui une existence laborieuse, mais paisible et assurée, il verra, au contraire, commencer une vie de luttes et de misères. Il lui faudra d'abord se procurer des outils, et, si faible que soit le capital nécessaire à leur acquisition, cette première difficulté sera quelquefois insurmontable. Il lui faudra ensuite chercher de l'emploi et il pourra rester longtemps sans en rencontrer. Ces deux obstacles franchis, il aura à craindre la maladie qui épuisera en quelques jours ses épargnes de plusieurs années, il aura à redouter le chômage, si fréquent de nos jours, où les grandes entreprises font affluer sur un même point un trop plein de travailleurs qui, souvent, se trouvent tout-à-coup privés d'occupation. Il lui faudra ensuite doter ses enfants de l'éducation professionnelle que lui-même aura reçue de sa famille. Il lui faudra enfin trouver, au milieu de tant de charges, quelques deniers à mettre à part, pour assurer l'existence de ses vieux jours. On voit à combien de difficultés, de découragements et de misères est exposé le travailleur. Quelle force aura-t-il pour triompher de ces obstacles ? A qui pourra-t-il avoir recours pour l'aider et le soutenir dans la lutte ?

Autrefois l'ouvrier possédait deux refuges, la Confrérie ou la Corporation, qui protégeait ses intérêts matériels, et la Religion qui le fortifiait dans sa faiblesse et le consolait dans son malheur. La Révolution lui a enlevé la force collective de la corporation, et elle lui a ôté, par sa propagande impie, ses croyances religieuses : elle lui a offert comme dédommagement des droits de citoyen ! En détruisant les corporations, elle a créé une concurrence effrénée qui tourne tout entière au détriment des ouvriers ; car les patrons, forcés de produire à bon marché, sont obligés, par cela même, de réduire autant que possible les salaires de ceux qu'ils emploient. En outre, les maîtres n'étant plus, comme autrefois, obligés de justifier d'abord de leurs capacités, sont devenus de simples capitalistes, rendant illusoire et même complétement impossible la concurrence de la petite industrie ouvrière, qui ne dispose pas, comme eux, d'avances considérables pour acheter les matières premières et de machines puissantes pour les mettre en œuvre. Les ouvriers, pressés par le besoin, sont forcés de subir les conditions que leur dicte la grande industrie.

Vainement demanderaient-ils aux grèves collectives un remède contre leur faiblesse individuelle, l'augmentation de salaire qu'ils pourraient momentanément obtenir ne changerait rien à cet état de choses. La coalition n'est point une solution, mais une lutte dans laquelle l'avantage restera toujours à celui qui aura le plus d'avances à sacrifier ; et ce ne sera jamais l'ouvrier. De plus, ce procédé de la grève est un moyen violent, barbare, qui ne peut qu'augmenter encore l'antagonisme qui n'existe déjà que trop entre le patron et l'ouvrier. Enfin toutes les coalitions, toutes les grèves volontaires ne pourront prévenir le chômage forcé. Elles ne pourront empêcher les chefs d'atelier, quand les matières premières feront défaut, ou quand il y aura encombrement de produits, de licencier leurs ouvriers et de livrer ainsi, d'un jour à l'autre, des milliers de travailleurs à la misère et à la famine. Quelle catastrophe qu'une cessation de travail, même momentanée, dans des centres comme Paris, Lyon et Rouen ! Quel renfort pour les agitateurs politiques que des milliers de prolétaires qui ne tiennent à rien dans l'état social, que le désœuvrement abandonne aux plus mauvaises suggestions, et que, d'ailleurs, presse le nécessité. Même à part ces inquiétudes trop fondées, quelle amertume, pour tous ceux qui aiment leurs semblables, que de songer à tant d'infortunés, qui, en s'éveillant, ne sont pas sûrs du pain de la journée.

Et cependant, ce ne sont point là des misères imaginaires. Sans parler du chômage qu'a entraîné, dans ces dernières années, la rareté du coton, le compte-rendu de l'Assistance publique de Paris nous révèle une situation qui semblerait incroyable, sans l'autorité d'un document officiel. Ce document nous apprend que le nombre des pauvres secourus à Paris est de *un* sur *seize* habitants, c'est-à-dire de plus de *cent mille* personnes, sans parler de tous ceux que la retenue et la honte empêchent de se faire inscrire sur les registres administratifs, et qui n'ont d'espoir que dans la charité particulière. Ces cent mille malheureux reçoivent une allocation de *cinq centimes* par tête et par jour ; et, quelque modique que ce secours puisse paraître, leur dénuement est tel qu'ils consentent, pour percevoir cette obole journalière, à se laisser reléguer officiellement dans la classe des indigents (1).

La situation de ces déshérités, si sombre dans l'ordre matériel, se montre, dans l'ordre moral, plus déplorable encore. Privés des lumières de la religion, ou, du moins, n'ayant qu'une notion imparfaite des vérités de la foi, ils n'ont point cette force et ce soutien que peuvent seules communiquer la parfaite connaissance et la pratique

(1) Voir dans l'*Union* du 13 octobre 1865, le remarquable article qu'a publié, à ce sujet, M. HENRI DE RIANCEY.

complète du catholicisme. Quelques lueurs entrevues, quelques vagues aspirations vers un monde meilleur ne peuvent les relever dans leurs abattements ni les consoler dans leurs infortunes. En proie au doute, si ce n'est à l'incrédulité, n'envisageant rien au delà de cette vie et ne la trouvant, pour eux, remplie que de misères, ils en sont réduits, dans un présent plein de douleurs, à gémir, sans consolation, sur un avenir sans espérance. Ils voient, sous l'influence de l'irréligion, de la misère et des travaux qui les occupent, eux, leurs femmes et leurs enfants, dans les usines, les chantiers et les manufactures, se relâcher les liens de la famille, au foyer de laquelle ils pourraient, du moins, mettre en commun leurs chagrins, et y trouver par là quelque adoucissement. Ils voient leurs fils livrés, par le désœuvrement ou le manque de surveillance, au vagabondage, leurs filles sans cesse sollicitées par la prostitution ; quand, trop souvent, leur propre dépravation ne les porte pas à les y pousser d'eux-mêmes. Bien plus, dans un grand nombre de ménages, la famille a perdu son caractère sacré en s'affranchissant de la bénédiction de l'Église ; et le mariage, dépourvu de la sanction religieuse, est devenu un concubinage légal !

Un tel ensemble d'infortunes a droit de préoccuper l'économiste, d'attrister le penseur et de faire gémir le chrétien. Mais on peut dire, en toute sincérité, aux victimes du prolétariat : Vous souffrez, il est vrai, mais ce n'est point à la société, ce n'est point à la propriété qu'il faut vous en prendre. C'est au développement exagéré de l'industrie qui fait de vous des rouages intelligents destinés à mettre en mouvement les rouages inertes de ses machines ; c'est au progrès exagéré dont vous êtes les instruments et dont vous ne contemplez que de loin les bienfaits. C'est à ce progrès, c'est à son prestige séducteur qui vous a arrachés aux campagnes, où vous pouviez trouver une existence honnête et assurée, pour vous jeter, sans appui et sans secours, au milieu de la vie dévorante des villes, où, au lieu de la prospérité que vous promettait leur mirage lointain, vous n'avez rencontré que la misère et le désespoir.

Certes, ce n'est pas sans raison que les révolutionnaires qui ont besoin, pour entraîner les classes populaires, de feindre de l'intérêt pour elles, se montrent préoccupés de leur situation. Mais, quoiqu'ils fassent, ils sont impuissants à leur apporter le remède. Ce ne sont ni les coalitions, ni l'utopie chimérique *du Droit au travail*, qui pourront améliorer le sort des ouvriers. Les sociétés de secours mutuels elles-mêmes, bien que louables dans leur principe et dans leur but, ne seront qu'un palliatif insuffisant; et, trop souvent, organisées sous l'influence de meneurs politiques, plutôt que résultant de la libre initiative des ouvriers, elles auront l'inconvénient de nuire à l'indépendance individuelle et de porter atteinte à la dignité du citoyen.

Non, les aspirations légitimes des classes ouvriàres ne pourront être satisfaites que le jour où les intérêts des maîtres et ceux des ouvriers seront identiques au lieu d'être opposés, que le jour où les supérieurs verront, dans leurs subordonnés, des frères et non des machines intelligentes, et où les subordonnés verront, dans leurs supérieurs, des pères et non des ennemis. Mais la Révolution ne pourra jamais opérer une telle rénovation. Bien au contraire, en favorisant l'individualisme, elle tend invinciblement à remplacer, par des sentiments d'antagonisme, la fraternité qu'elle inscrit dans ses protocoles, faute de pouvoir la faire passer dans l'ordre des faits. C'est au Catholicisme qu'il faut demander ces sentiments qui sont l'essence même de la morale évangélique. C'est lui seul qui peut apprendre aux supérieurs la modération, aux inférieurs la soumission, à tous la charité.

C'est sous l'influence de l'esprit chrétien, qui se mêlait à toute l'organisation sociale pour la vivifier et l'ennoblir, que le moyen-âge vit surgir spontanément les aggrégations diverses qui ont fait la force de cette époque, si faussement connue et si injustement décriée. Tout, en effet, dans le moyen-âge, repose sur le principe de l'association : association des forces militaires, libres et divisées et cependant réunies en faisceau par la suzeraineté ; association des forces industrielles et productrices par les corporations ; association des intérêts de tous les membres de la cité par la commune ; enfin association des intelligences et des volontés par la communauté religieuse, la plus excellente et la plus parfaite des associations, parce qu'elle met en commun des dévouements plus encore que des intérêts.

Il a fallu l'emportement de la haine, l'orgueil philosophique et l'aveuglement de l'esprit de système, qui sont les caractères distinctifs de la Révolution, pour que l'ouragan du siècle dernier ait détruit, sans examen, tant d'institutions éprouvées par l'usage et dont les siècles passés avaient constaté l'utilité. Il faut, aujourd'hui encore, notre amour propre, poussé jusqu'au délire, et notre engouement irréfléchi de toutes les nouveautés, pour que tant de préjugés injustes subsistent encore contre le passé, pour que nous le condamnions sans le connaître et sans même daigner l'étudier.

Mais tout fait pressentir qu'une réaction est imminente ; et déjà nous voyons de toutes parts des symptômes qui annoncent que l'on revient des opinions erronées que nous avait léguées la Renaissance, qui, elle-même, avait été une réaction contre le moyen-âge.

Depuis que l'archéologie nous a permis d'apprécier sainement les édifices de cette grande époque, qui font, à la fois, l'admiration et le désespoir de ceux qui essaient de les imiter, depuis que les investigations et les sacrifices intelligents des collectionneurs et des musées ont groupé les objets d'art que le temps avait laissés survivre isolément et nous ont permis d'en constater la perfection merveilleuse ; depuis que les recherches des érudits ont fait sortir de la poudre des bibliothèques les vieilles chartes féodales, les cartulaires des abbayes et mille documents de toute nature, la disposition des esprits éclairés s'est singulièrement modifiée envers le moyen-âge. L'examen de ses monuments, de ses arts et de sa littérature nous a révélé une époque profondément pensante, et plus forte, dans sa méditation, que la nôtre au milieu de son mouvement fiévreux et de ses inquiètes agitations. L'étude de ses chartes nous a initiés au mécanisme de son organisation et nous a montré que tant de mesures de bienfaisance et de sage libéralisme, que nous regardions comme des conquêtes modernes, n'étaient que des imitations affaiblies d'usages dont cette époque nous avait donné l'exemple.

Aussi sommes nous loin de la commisération méprisante qu'éprouvaient nos pères pour le moyen-âge, dont le nom seul les faisait sourire de pitié. Ce nom peut encore blesser des préventions, exciter même de la répulsion près de ceux qui ne le connaissent que par les falsifications qu'en a faites l'école révolutionnaire ; mais il a droit au respect de tous ceux qui savent et qui réfléchissent sans passion.

Il y a plus, des esprits éminents, qui ont étudié à fond le temps présent et qui connaissent bien la société actuelle, ont été amenés, par la fausseté des conséquences, à douter de la valeur de ses principes, et se sont jetés avec ardeur dans l'étude du passé. Or, bien qu'il ne soit point question de reprendre son organisation générale, quelques-unes de ses institutions ont une raison d'être et une force si frappantes, elles s'accordent si bien avec la nature de l'homme, telle que la pratique et l'expérience nous la montrent, que nous y voyons revenir ces esprits assez maîtres d'eux-mêmes pour rejeter tout parti-pris et pour se dépouiller de tout préjugé. Récemment encore, une pétition était présentée au Corps Législatif, où elle rencontrait *plus de cinquante signatures*, pour demander l'abolition du partage égal forcé, l'arche sainte de la Révolution, et la plus préconisée de toutes ses réformes (1).

Or, de tous les titres de gloire que peut revendiquer le moyen-âge, le plus incontestable, près de tous les amis de l'humanité, est l'émancipation des petits, à laquelle il ne cessa de travailler, sous l'influence de l'esprit religieux. C'est donc à lui, ou plutôt à l'esprit de foi qui était sa force directrice et son âme même, que

(1) Cette pétition était due à la courageuse initiative de M. LE PLAY, commissaire général aux expositions universelles de 1855, de 1862 et de 1867 ; et auteur d'un livre on ne peut plus remarquable, auquel nous avons déjà emprunté plusieurs citations, *La Réforme sociale en France*, ouvrage dans lequel il a montré, avec la triple autorité de sa haute position, de son expérience et de son talent, les maux que le partage forcé a déjà causés à la France ; et ceux dont il la menace encore dans l'avenir.

les classes ouvrières devront demander la solution du problème de l'association. C'est en prenant pour modèles ses puissantes corporations, qu'elles pourront se constituer en un corps compact et indépendant, et à assurer leur bien-être matériel, en même temps que leur perfectionnement moral et leur dignité individuelle. C'est par l'imitation de ces associations, autrefois si florissantes, qu'on peut espérer de voir renaître l'amour de chacun pour sa profession, ennoblie par le souvenir des générations éteintes et les fastes de la corporation ; c'est par elle qu'on peut régénérer l'esprit de corps, fondé sur la solidarité des membres et la mutualité des bons offices. Mais il est indispensable que cette organisatton soit dirigée par l'esprit de foi, sous peine de voir toute tentative frappée de stérilité. C'est la religion seule qui pourra établir entre les patrons et les ouvriers des sentiments de fraternité, sans nuire à la soumission hiérarchique ; elle seule pourra servir de médiatrice dans la discussion des salaires et concilier l'opposition des intérêts. Ce sont des assemblées périodiques, accompagnées de l'assistance commune aux cérémonies religieuses, c'est la réunion de tous les membres de la confrérie sous la bannière de leur patron, entourée du prestige de ses souvenirs, qui pourront cimenter l'association ouvrière et lui donner l'union qui ne peut résulter que de liens moraux ; tandis que l'intérêt, dépourvu de ces liens, ne tend qu'à diviser les forces et à isoler les individus.

Qu'on modifie sur quelques points les anciens statuts, que certaines dispositions disparaissent, que de nouvelles soient introduites ; les temps et les mœurs nécessiteraient peut-être ces changements ; mais le principe est immuable. Si l'on veut fonder quelque chose de durable, dans l'ordre matériel, il faut s'appuyer sur des intérêts moraux et religieux.

Les classes laborieuses ont, au suprême degré, le sentiment de cette loi. Un instinct intérieur leur dit que c'est au catholicisme qu'elles doivent demander leur appui, et qu'en lui réside le secret de leur force. Aussi, malgré les tentatives multipliées qu'ont faites les révolutionnaires pour fausser leur direction, voyons-nous les associations du compagnonnage, tradition affaiblie, ombre imparfaite des anciennes corporations, mêler l'élément religieux à leurs statuts. Aussi voyons-nous, par exemple, les compagnons charpentiers, le jour de la fête de saint Joseph, se grouper autour de l'image de leur patron et se rendre processionnellement à Notre-Dame. Tôt ou tard les travailleurs s'apercevront que les démocrates anti-religieux ne font que les leurrer de belles paroles, sans rien tenir de leurs promesses; tôt ou tard ils comprendront que s'ils ont quelques réclamations à élever, quelques droits à faire valoir auprès de la société, ce n'est point par l'émeute qu'ils peuvent se faire rendre justice; mais par l'appui et l'intercession de l'Église, le seul pouvoir vraiment libéral, le seul sincèrement ami des petits, le seul qui ait toujours travaillé et travaille encore sans relâche à leur bien-être et à leur émancipation.

Cette tendance qui rapproche les masses de la Religion, quand elles sont abandonnées à leurs bonnes inspirations, n'échappe pas aux révolutionnaires; et ce n'est pas la moindre des causes qui excitent leurs rancunes et leur haine contre l'Église et contre tout ce qui procède de son initiative ou relève de son autorité. Ces sentiments d'hostilité, poussés jusqu'à la rage, peuvent seuls nous expliquer les contradictions flagrantes et les démentis éhontés qu'ils s'infligent à eux-mêmes, par leurs incessantes agressions contre les associations religieuses. Il faut qu'ils comptent bien sur la déraison publique, ces hommes qui se disent les serviteurs de la raison, pour oser dans une colonne de leurs journaux réclamer la liberté d'association ; et, dans la colonne suivante, verser à pleines mains le mépris, l'injure et la calomnie sur des associations qui n'ont d'autre tort que d'être religieuses, alors qu'ils sont impies. Il faut qu'ils aient conscience d'avoir bien complétement égaré le bon sens public, pour oser, dans un même article, vanter les bienfaits de la philanthrophie maçonnique et demander à grands cris la suppression de la Société de Saint Vincent-de-Paul ! Il faut en même temps, disons-le, que leurs déclamations et leurs imputations trouvent de l'écho en bien haut lieu, pour que les arrêts de proscription qu'ils lancent contre elle aient été écoutés et aient même reçu un commencement d'exécution.

C'est en vain qu'ils voudraient insinuer que cette pieuse association mêle des manœuvres politiques aux secours qu'elle distribue aux malheureux. A qui prétendent-ils faire croire que la politique soit le but d'une société composée d'hommes appartenant à toutes les opinions, à toutes les positions sociales, divisés sur tous les points et réunis seulement dans des sentiments communs d'amour pour leurs semblables et de respect pour la religion catholique ? Si c'est faire de la politique que de verser à ceux qui souffrent la consolation morale, en même temps que le secours matériel, et de donner aux pauvres l'exemple de l'humilité et de la vertu, c'est à coup sûr une politique bien élevée, et qui domine de bien haut les intérêts de tous les partis. Qu'une telle politique, si politique il y a, blesse les démocrates, nous le comprenons sans peine. Ils ne peuvent pardonner à la Société de Saint Vincent-de-Paul de leur enlever, par l'allégement des misères et les bons conseils qu'elle mêle à ses aumônes, des hommes que le découragement eût abandonnés à toutes les incitations de la démagogie et que l'inconduite eût livrés à la propagande des cabarets. Ils ne peuvent lui pardonner d'avoir usé, en Juin 1848, de sa légitime et salutaire influence, pour empêcher plusieurs milliers d'ouvriers de courir aux barricades. Nous admettons volontiers que ce seul acte soit un crime irrémissible aux yeux de la Révolution, mais nous avons peine à nous expliquer ce qu'il pourrait présenter de coupable aux yeux du gouvernement. Nous ne voyons pas quel intérêt celui-ci pourrait avoir à épouser les rancunes et à servir les haines de la Révolution.

Mais si les écrivains démocratiques ne se lassent d'outrager les associations laïques de bienfaisance, que dire de leurs attaques contre les associations chrétiennes proprement dites, contre les congrégations et les ordres religieux ? Comment qualifier ces agressions dans lesquelles l'absurde le dispute à l'odieux, ramassis de paradoxes insoutenables développés par des injures ? Il faut que l'exemple de la vertu et de l'abnégation soit bien insupportable à ceux qui préfèrent suivre leurs passions et leurs intérêts, pour que des hommes éclairés fassent, à ce point, le sacrifice de leur dignité afin d'assouvir leur haine, pour qu'ils ne sentent pas ce qu'il y a d'humiliant, pour eux, à ravaler leur littérature au niveau de l'invective et de l'insulte grossière. Il faut qu'un écrivain soit bien aveuglé, ou bien habitué à boire toute honte, pour oser apposer sa signature au bas d'un article dans lequel les *Petites Sœurs*, ces admirables servantes de la douleur et de la pauvreté, sont qualifiées de « *lèpre* » et de « *vermines !* »

C'est qu'ils comprennent bien, ces ennemis de la religion, la force persuasive des exemples qu'elle donne et des vertus qu'elle enseigne. C'est qu'ils sentent que toutes ces sociétés religieuses, filles de la grande société catholique, sont pour elle un rempart invincible, c'est qu'il leur faut attaquer l'Église dans ses membres en même temps que dans son chef. Etpourtant, s'ils étaient, comme ils le prétendent, les amis de la civilisation et du progrès, de quelle reconnaissance ne devraient-ils pas être animés envers les ordres religieux ? Même en dépouillant de leur caractère sacré ces pieuses associations, quels titres elles peuvent revendiquer ! De quels bienfaits elles ont doté l'humanité !

Peut-on oublier que, durant la nuit intellectuelle qui se fit dans toute l'Europe occidentale lors de la chûte de l'empire Romain, les monastères furent l'asile des lettres, de l'étude et de la pensée ; que ce sont eux qui ont sauvé les chefs-d'œuvre de l'antiquité, auxquels toutes les générations viennent encore demander la règle de leur goût et le développement de leur intelligence ? Peut-on oublier que, tendant sans cesse à propager cette lumière qu'eux seuls avaient conservée, les moines furent les premiers instituteurs de la société civile, les rénovateurs des arts, les inventeurs des premiers secrets de la science, les créateurs de plusieurs branches de l'industrie, les lumières de la véritable et saine philosophie ?

Faut-il rappeler que les biens dont on leur a fait un crime et dont on les a si injustement dépouillés, constituaient la propriété la plus inviolable, doublement sacrée par la donation et par le travail ? Presque tous les monastères furent fondés dans les contrées les plus sauvages, concédées par les souverains ou les seigneurs à des hommes dégoûtés du monde et qui voulaient en fuir jusqu'au souvenir au sein de la solitude et du travail. Défrichées par eux, et produisant bientôt plus qu'il n'était nécessaire à la frugalité de leur règle, ces terres devinrent l'asile de tenanciers, vassaux de l'abbaye, au même titre que les tenanciers des terres féodales étaient vassaux des possesseurs de ces biens. Est-il besoin de donner cette explication si naturelle des dîmes et des redevances payées aux abbayes, griefs exploités par les révolutionnaires avec une persistance qui n'a d'égale que leur mauvaise foi ? Parfois même le couvent, comme en d'autres lieux le château fort, devenait un centre autour duquel venaient se grouper les petits et les faibles, et peu à peu une ville se trouvait fondée.

Tels sont les titres des ordres religieux dans le passé, développement des intelligences par la philosophie, les lettres et les arts, sous l'influence du spiritualisme religieux ; développement de la prospérité agricole et de la richesse publique. Objecte a-t-on que ces ordres ne participaient pas aux charges publiques, étaient exempts d'impôts et que les biens de main-morte privaient l'État des droits de mutation que ces biens lui eussent rapportés entre les mains des particuliers ? Ils ne payaient pas d'impôts, il est vrai, mais, de même que la noblesse remplaçait l'impôt en argent par l'impôt du sang, de même les monastères et le clergé le remplaçaient par l'impôt de la charité et par les services rendus à l'État, par leurs écoles gratuites, leurs hôpitaux, leurs maladreries, leurs ordres militaires et leurs Frères de la Merci. En outre, s'ils ne payaient pas de taxes fixes et annuelles, ils remplaçaient, par des dons volontaires, cette cotisation forcée. Leurs épargnes formaient une réserve prévue ; et la monarchie a trouvé plus d'une fois sa ressource suprême dans les largesses des ordres religieux et du clergé séculier (1).

(1) Qu'il nous soit permis de citer, à l'appui de notre assertion, un fait qui s'est passé en Espagne, lors de l'expédition française de 1823, époque à laquelle le clergé espagnol se trouvait dans la même situation que notre clergé français avant la spoliation révolutionnaire.

Quand la victoire du Trocadero eut contraint les Cortès à rendre le roi Ferdinand VII qu'ils avaient retenu prisonnier à Cadix, celui-ci, en regagnant sa capitale, s'arrêta, durant une semaine, à Séville. Un jour on vit arriver au palais de l'Alcazar quelques religieux, suivis de quatre frères convers qui portaient péniblement, sur un brancard, une sorte d'édifice en sucre de diverses couleurs,

Aujourd'hui encore, bien que leur action sociale soit singulièrement amoindrie, qui pourra nier le bien que les ordres monastiques répandent dans la société ? Qui pourra écouter sans indignation les déclamations infamantes par lesquelles on dépeint tous les ordres comme une superfétation inutile, tous les religieux comme des parasites sociaux et des fainéants ?

Sont-ils fainéants ces Trappistes qui, sous les ardeurs du soleil, couverts de leur robe de bure, labourent péniblement leur modeste enclos ? Sont-ils inutiles ces Capucins qui consacrent leur vie à porter au peuple, avec les lumières de l'Évangile,

monté sur un socle en bois. Les officiers français qui se trouvaient de service auprès du Roi, se montraient étonnés des efforts que faisaient quatre hommes pour porter un fardeau si léger en apparence ; mais ils apprirent dans la soirée que le socle, sur lequel reposait le travail de sucrerie, renfermait une somme très-considérable, offerte à Ferdinand VII par les religieux d'un des couvents de la ville. Les officiers espagnols qui leur donnèrent ces détails ajoutèrent que cet exemple serait généralement suivi par ceux des couvents d'Espagne qui pouvaient se priver d'une partie de leurs revenus, en raison des besoins du Roi, après la révolution dont il venait d'être victime ; que d'ailleurs ces largesses étaient habituelles, et que le couvent de l'*Atocha*, par exemple, situé aux portes de Madrid, donnait annuellement à la couronne la presque totalité de ses revenus.

les consolations de leur ardente charité? Sont-ils désœuvrés ces Bénédictins auxquels la science et l'histoire doivent tant de travaux mémorables, de recherches patientes et de solutions ardues? Sont-ils inutiles ces ordres qui se vouent à l'enseignement? Et ces ordres charitables qui se font les frères et les serviteurs des pauvres malades ou, comme les frères de Saint-Jean-de-Dieu, se consacrent au traitement des aliénés et accomplissent la plus noble et la plus rebutante des missions? Et ces ordres voués à la prédication, qui s'en vont préparer les peuples les plus lointains à recevoir notre civilisation et à accepter notre influence, et les gagnent plus sûrement par l'exemple de leurs vertus que nos armées ne les conquièrent par leurs victoires? Nous voudrions que ceuxqui, les coudes appuyés sur la table de quelque café, fort des enseignements des prophètes des journaux démocratiques, prononcent dogmatiquement que l'existence des couvents est un scandale en un siècle de lumières et un encouragement donné à la paresse, nous voudrions, disons-nous, qu'ils prissent la peine de visiter ces asiles de la vertu et de la pauvreté, et nous verrions s'ils consentiraient à échanger leurs propres labeurs contre ceux de ces prétendus fainéants !

Quelques ordres, il est vrai, ne participent en rien aux choses du monde. Ils ne se mêlent pas au mouvement du siècle, même pour soulager ses misères ; ils sont exclusivement contemplatifs. Mais sommes-nous donc tombés assez bas, pour ne pas comprendre ce qu'il y a de méritoire et même d'héroïque dans le renoncement volontaire ? Pense-t-on que, quand une société est emportée par amour un effréné de la richesse et du luxe, par un appétit désordonné des jouissances matérielles, pense-t-on qu'il ne soit pas utile de donner à une telle société l'exemple du détachement, de la pauvreté et de l'humilité ? Et compte-t-on pour rien les prières que ces âmes déjà séparées de la terre et élevées à moitié chemin du ciel, lui adressent sans cesse pour ceux qui ne prient pas ? Pense-t-on qu'il ne faille pas une intercession, près de celui qui juge les sociétés aussi bien que les individus, pour les blasphêmes, que vomissent journellement tant de malheureux révoltés contre Dieu ? Ne faut-il pas des vies noblement consacrées à la virginité pour faire contre-poids aux désordres de toutes celles qui s'abandonnent éperduement aux entraînements du vice ? En regard des antres de la prostitution, ne faut-il pas des asiles ouverts à la chasteté et au repentir ?

Mais, en admettant même que tous les ordres monastiques fussent inutiles et que la vie religieuse ne fût qu'une séquestration égoïste, de quel droit prétendriez-vous empêcher des citoyens, libres de disposer d'eux-mêmes, de s'assembler pour vivre selon leurs goûts et leurs volontés ? De quel droit prétendriez-vous imposer vos joies mondaines à des hommes à qui elles font horreur ? De quel droit refuseriez-vous aux âmes dégoûtées des vanités du siècle ou fatiguées de ses agitations, un asile où elles puissent trouver l'expiation, le repos et l'oubli ? Essaierez-vous de faire croire que ces associations conspirent contre la société ? Allez dans les mansardes où gémissent la pauvreté et la souffrance ; choisissez deux familles dont l'une sera allée entendre les instructions d'un obscur capucin et l'autre se sera saturée des doctrines que vous enseignez au peuple, jugez laquelle sera le mieux encouragée, fortifiée, consolée, et répétez encore, si vous l'osez, que les religieux sont les ennemis de la société !

Si vous conservez encore quelque sentiment de pudeur, faites taire votre haine par respect pour votre dignité. Les ordres religieux ne vous demandent ni vos faveurs ni même votre sympathie, ils ne vous demandent que la tolérance, mais ils sont en droit de l'exiger. Vous ne pouvez, sans la plus monstrueuse inconséquence, les empêcher d'exister. Qu'ils contribuent aux charges publiques en payant des impôts ; et même que ces impôts soient calculés de manière à produire à l'État l'équivalent des droits de mutation qu'ils produiraient entre les mains des particuliers ; mais vous ne pouvez sans injustice les empêcher d'acquérir et de posséder.

Un peu de bonne foi, ne fût-ce qu'à titre d'exception, les sophismes dont vous éblouissez les lecteurs habituels des feuilles démocratiques ne peuvent déguiser votre pensée, tâchez donc du moins de vous faire un mérite de votre franchise;

avouez que si les ordres monastiques vous sont si antipathiques, si odieux même, c'est que vous les regardez comme une des puissances de la grande société catholique que vous voulez remplacer pour la société de l'athéisme ; c'est que, comme Voltaire, complimentant le roi de Prusse sur la confiscation des biens des couvents, vous pensez qu'il est d'un grand capitaine de commencer par eux l'attaque de la *superstition christicole.* En même temps que son impiété ayez aussi son cynisme et, pour l'imiter jusqu'au bout, déclarez, comme lui, que vous voulez *écraser l'infâme!*

II.

Comme appendice de la liberté d'Association se présente le droit de Réunion. Rien de plus juste que la faculté demandée pour des hommes liés par l'amitié et la conformité des goûts ou des intérêts, de se réunir et de se concerter. Rien de plus indispensable surtout, pour l'exercice sincère du droit de chaque citoyen en matière électorale, que la liberté laissée aux électeurs de s'assembler, de s'entendre et de se mettre en rapport avec les candidats. Associons-nous donc aux vœux généralement exprimés en faveur du droit de Réunion. Mais prenons garde ! Si les amis sincères de la Liberté demandent ce droit pour faire le bien, n'oublions pas qu'un parti nombreux ne le réclame que pour fomenter des agitations et décupler, en opérant au grand jour, l'action de sa propagande. N'oublions pas que, si ce droit facilite des assemblées de bienfaisance, des réunions littéraires ou artistiques et d'innocents banquets, il favorisera aussi l'établissement des clubs, que nous verrons immédiatement se rouvrir et dans lesquels les ouvriers trouveront, après leur journée, un cours quotidien de philosophie impie et socialiste, dans lesquels des tribuns de carrefour ne cesseront de les pousser à l'assaut de la société.

C'est ainsi que vous entendez la Liberté, diront nos adversaires. Vous l'étendez jusqu'aux limites où elle vous favorise et vous la restreignez dès que son usage pourrait tourner contre vous.

Pas d'amphibologie, pas de paradoxes ! Que dix hommes se rassemblent et conspirent contre la propriété d'un honnête et paisible citoyen. Qu'ils projettent de s'introduire dans sa demeure et de lui enlever son argent, ou de lui ravir sa propriété par de faux contrats obtenus par la violence : ce sont, vous en conviendrez, des voleurs dignes de toutes les rigueurs de la loi. S'ils sont vingt, cinquante, cent, ils n'en sont pas moins des voleurs, ils n'en sont même que plus coupables en raison des efforts que leur a coûtés le recrutement de tant de complices. Si au lieu de cent ils sont mille, dix mille, cent mille, seront-ils moins des voleurs ? Nous n'ignorons pas que, suivant la morale révolutionnaire, par cela seul que leur force sera devenue imposante, ils mériteront nos respects, et que leurs intentions, qui eussent constitué un crime pour dix personnes, seront devenues, en raison de leur nombre, la revendication d'un droit sacré ; mais, suivant la morale des honnêtes gens, fussent-ils des millions, ils ne cesseront pas d'être des malfaiteurs.

Or, telle est précisément la situation actuelle de la société. Une fraction nombreuse et résolue affiche hautement ses projets, elle ne dissimule pas sa prétention de s'emparer de tous les biens, de confisquer toutes les propriétés ; et elle annonce qu'elle aura recours aux dernières rigueurs de la force, si ces rigueurs sont nécessaires. Et nous irions de nous mêmes appeler une mesure qui permettrait à ces ennemis de la société de se recruter, de se concerter et de resserrer la trame de leurs complots ! Ce serait de la démence ! Nous l'avons dit, la Liberté, comprise dans son acception la plus, haute, est l'épanouissement de tout ce qui peut favoriser le bien, et la répression de tout ce qui peut favoriser le mal. Il faut que l'État prenne un parti et renonce à ce système d'indifférence et d'équilibre qui le fait osciller constamment entre ces deux principes. Il faut surtout qu'il abandonne l'illusion de croire qu'en accordant quelque choses aux fauteurs de l'anarchie, il apaisera leur ressentiment. Ce n'est point une légère restauration de l'édifice qu'ils réclament, c'est sa complète réédification.

C'est pourquoi demandons que la Liberté soit étendue jusqu'aux limites où elle ne peut être préjudiciable à l'ordre et la société ; mais appelons, au contraire, de tous nos souhaits, une répression énergique contre les réunions clandestines et les sociétés secrètes qui ne prendraient pas tant de peine pour cacher leurs menées ténébreuses, si elles n'avaient pour but de porter atteinte à l'état social. Ainsi se trouveront sauvegardés les droits de ceux qui, sincèrement amis de l'ordre, ne méritent pas qu'on leur refuse la Liberté. Quant à ceux qui voudraient la licence, l'abus qu'ils annoncent devoir en faire ne justifie que trop les rigueurs dont ils sont l'objet, rigueurs dans lesquelles se trouvent enveloppés présentement même les plus paisibles et les plus sages citoyens.

CHAPITRE HUITIÈME.

LA LIBERTÉ D'ENSEIGNEMENT.

La question de l'Enseignement est une des plus graves, la plus grave peut-être, de celles qui préoccupent l'esprit public. Elle n'intéresse pas seulement, en effet, les générations actuelles, mais aussi les générations futures ; et c'est moins encore le présent de la France qu'elle met en cause que son avenir. Car les jeunes générations que l'Enseignement nous tient en réserve, depuis l'enfance jusqu'à la limite de l'adolescence, seront un jour la France même ; et la manière dont elles auront été élevées, les principes qu'elles auront puisés dans l'éducation, en exerçant une influence capitale sur leur avenir particulier, influeront, par suite, sur celui de tout le pays.

Si l'instruction se composait uniquement de connaissances positives, si elle formait un ensemble de notions invariablement fixées qu'il s'agirait simplement de s'assimiler, peu importerait par quelles mains elle serait répandue. Mais, au sujet des faits que nous révèle l'histoire, il peut surgir mille appréciations diverses, les langues anciennes sont étudiées dans des auteurs dont les ouvrages, presque toujours philosophiques autant que littéraires, peuvent être commentés de bien des façons. Les vérités scientifiques elles-mêmes, quoique immuables dans leurs principes, peuvent être bien diversement présentées aux intelligences, surtout depuis qu'une école de savants, plus préoccupés de satisfaire leurs haines religieuses que jaloux de la dignité de la science, a entrepris d'en faire une arme en faveur de la philosophie athée et matérialiste. Les notions positives qui forment le fonds de l'enseignement ne sont donc, en quelque sorte, que les matériaux et le prétexte de l'éducation. Il résulte de là que deux professeurs enseignant le même programme et formant des élèves également lettrés et également savants, pourront, en même temps, avoir formé des hommes radicalement opposés, quant au fond des idées, suivant la manière dont ils leur auront présenté les matières de l'enseignement.

On conçoit, dès lors, qu'il ne s'agit pas seulement d'instruire les jeunes gens ; mais qu'il faut aussi se préoccuper essentiellement de la manière dont on les instruit. Il faut enfin, puisque aujourd'hui les esprits se séparent en deux camps et se groupent autour de deux grands foyers opposés, l'idée religieuse et l'idée philosophique, il faut, disons-nous, s'assurer si l'instruction donnée à la jeunesse sera religieuse ou philosophique.

Mais, pour bien embrasser une question aussi étendue, il faut la reprendre de plus haut et l'envisager sous toutes ses faces. Nous allons donc examiner rapidement ce que l'Enseignement était autrefois, ce qu'il était récemment et ce qu'il est aujourd'hui.

I.

S'il est un préjugé répandu en France, c'est celui de croire que la vulgarisation de la science date de la révolution de 1789 ; et que c'est à notre époque qu'appartient la gloire d'avoir dissipé les ténèbres intellectuelles qui obscurcissaient le monde avant ce *siècle des lumières*.

Comme tous les préjugés, celui-ci est d'autant plus accrédité qu'il est plus faux ; mais, quelque flatteuse qu'une telle opinion puisse être pour notre temps, les gens instruits et sensés ne sauraient la partager. Malgré l'appareil extérieur de son Enseignement public, notre siècle n'est pas plus savant que ceux qui l'ont précédé ; et ceux-ci, quoiqu'avec des moyens différents, réalisaient tout aussi efficacement le problème de l'instruction publique. Bien plus, selon M. Thiers, juge excellent en pareille matière et qu'on ne suspectera pas, assurément, de partialité pour l'ancien régime, le nombre des gens ayant parcouru tous les degrés de l'enseignement était supérieur, avant la révolution de 1789, à ce qu'il est aujourd'hui. Les révolutionnaires, diffamateurs à outrance du passé, nous ont tellement habitués à ne voir, dans les siècles qui nous ont précédés, que des époques d'obscurantisme, que cette assertion paraîtra sans doute paradoxale. Pourtant elle a été émise au sein de l'Assemblée Nationale, lors de la discussion de la loi de 1850 sur l'Enseignement ; et elle n'a pas rencontré de contradicteurs (1).

Et cependant, avant 1789, ce puissant corps enseignant qu'on appelle l'Université n'existait pas. Le nom n'est pas nouveau, il est vrai ; mais il s'appliquait à un corps si différent de celui qui le porte aujourd'hui, qu'il faut regarder notre Université actuelle comme une fondation récente et non comme la continuation d'un état de choses ancien. Avant la Révolution, l'instruction primaire était répandue par les curés de campagne, par les nombreux couvents qui existaient alors, par des châtelains charitables ; et, malgré l'insuffisance apparente de ces moyens, elle était aussi

(1) Assemblée Législative, séance du 13 février 1850.

abondante qu'aujourd'hui, ainsi que l'a encore dit M. Thiers. L'instruction secondaire, tout entière entre les mains des congrégations religieuses et particulièrement des Jésuites et des Oratoriens, n'était pas moins répandue alors que de nos jours ; et surtout elle était plus solide et plus profonde. Bien que l'éducation fût plus particulièrement littéraire, les sciences, pas plus que les lettres, ne manquaient de professeurs pour les enseigner ni de chercheurs pour les faire progresser : « L'ancien régime, disait, en l'an VI, au « Corps Législatif, Pison-Dugaland, n'avait d'au- « tres écoles que celles des congrégations religieu- « ses ; et cependant ces établissements suffisaient « à l'Enseignement, non-seulement de beaucoup « de prêtres, mais d'un nombre de magistrats non « moins grand que le nombre actuel, d'un nom- « bre infini de gens de loi, d'un nombre au « moins suffisant de médecins. Nous n'avions que « quelques écoles privilégiées de mathématiques « et de génie civil ou militaire, et nous n'avons « jamais manqué d'architectes et d'officiers. L'im- « pulsion du génie, l'émulation de la gloire nous

« avaient toujours abondamment pourvus de « poëtes, de littérateurs, et de philosophes. »

Quels noms illustres se présentent en foule à la mémoire pour appuyer ces paroles ; les Turenne, les Vauban, pour l'art militaire ; les Descartes, les Malebranche, pour la philosophie ; pour les sciences, les Pascal, les Buffon, les Lavoisier ; pour l'architecture, résumé de tous les arts et de toutes les sciences, les Philibert de l'Orme, les Mansard, les Perrault, et à défaut de noms, que l'humilité des architectes empêchait d'inscrire au frontispice de leur œuvre, ces merveilleuses cathédrales, ces « *hymnes de pierre,* » comme on les a appelées si justement ; pour les lettres enfin, cette pléiade immortelle que le XVIIe siècle a vue naître et qui, depuis, n'a point été égalée !

Si donc la Révolution chassa les congrégations vouées à l'instruction et confisqua leurs colléges, ce n'est point qu'elles fussent inhabiles à accomplir leur mission enseignante et civilisatrice ; mais c'est qu'elles avaient le tort de représenter l'esprit religieux dont les vainqueurs du moment voulaient anéantir jusqu'au dernier vestige, pour le remplacer par l'esprit de révolte et d'impiété dont la Révolution était issue, et dont ils étaient, eux-mêmes, les vivantes personnifications.

Voyons ce qu'ils mirent à la place de ce qu'ils venaient de détruire, voyons ce qu'ils firent de cette jeunesse française, fille de leurs principes, espoir des temps nouveaux. Barrère va nous l'apprendre par ces paroles prononcées le 13 Prairial an II. « Il y a quatre ans, disait-il, que les « législateurs tourmentent leur génie pour for-« mer une éducation nationale ! Qu'ont-ils fait ? « Qu'ont-ils fondé ? Rien ! Les colléges sont fer-« més ; mais aucun établissement ne les a rem-« placés. »

Le néant !... Voilà, dans l'éducation, comme dans tant d'autres questions, le dernier mot de la réforme révolutionnaire. Quelques essais furent tentés, il est vrai, des écoles centrales furent fondées, la plupart du temps dans le local même des anciens colléges catholiques ; mais elles furent presque constamment désertes ; et la génération des hommes qui parcoururent pendant la

Révolution la période qui sépare l'enfance de la jeunesse, supporta toute sa vie le poids d'une incurable ignorance, pour avoir eu le malheur de naître en ces temps désastreux.

II.

Bonaparte, qui avait tant à restaurer au milieu des ruines que la fin du XVIIIe siècle avait léguées au nôtre, ne pouvait manquer d'appliquer son génie à la réorganisation si urgente de l'Enseignement public. Mais, avec l'esprit d'absolutisme et de centralisation, qui faisait le fond de sa politique intérieure, il songea avant tout à mettre entre les mains de l'État cette arme si puissante dans le domaine des intelligences. Aussi, lorsqu'il institua définitivement, en 1808, l'Université dont, en 1806, il avait posé les premières bases, la chargea-t-il exclusivement de l'Enseignement secondaire et créa-t-il ainsi le système si profondément oppressif et si anti-libéral qu'on a appelé depuis le *monopole universitaire*.

L'Université, composée en grande partie des

débris des écoles centrales révolutionnaires, se montra dès son origine attachée aux idées philosophiques du XVIIIe siècle, pleine de scepticisme et ennemie déclarée de la religion catholique. On imaginera facilement quelle influence les exemples et les enseignements de professeurs imbus de telles doctrines durent exercer sur une jeunesse née au milieu de la dévastation révolutionnaire, et dont l'enfance n'avait point été entourée de cette forte éducation religieuse qui, même à leur insu, sert de préservatif à ceux qui la reçoivent dès le berceau. Cette disposition superbe de la raison humaine qui pousse l'âge mûr au scepticisme, se change bien vite en impiété, quand elle se prend à la jeunesse, chez qui les suggestions des passions encouragent encore le libertinage de l'esprit. Aussi les colléges universitaires ne tardèrent-ils pas à joindre le déréglement des mœurs à celui des croyances, sans que les parents, justement effrayés des dangers que leurs enfants avaient à courir dans de tels établissements, eussent aucun moyen de les en préserver.

Il existait, il est vrai, en France des petits séminaires ; mais ils étaient obligés de conduire leurs élèves aux cours des lycées, à partir de la classe de quatrième, inclusivement ; et même, après 1811, cette obligation fut étendue jusqu'aux classes les plus élémentaires de l'Enseignement.

La Restauration délivra les petits séminaires de cette dure nécessité ; mais, entravée par l'élément révolutionnaire qui l'empêcha constamment de réaliser tout le bien qu'elle eût voulu accomplir, elle remplaça cette contrainte par une autre plus rigoureuse encore. Le baccalauréat devint indispensable pour ouvrir l'accès de toutes les carrières civiles ; et, afin d'assurer le monopole universitaire, on décida que le grade de bachelier ne pourrait être conféré qu'à des élèves sortis des collèges de l'Université.

Les petits séminaires ne purent, dès lors, former des élèves qu'en vue du sacerdoce ; et ceux qui, arrivés à la fin de leurs études, renonçaient à embrasser l'état ecclésiastique, voyaient s'évanouir le fruit de leurs travaux, et ne pouvaient se présenter à l'examen du baccalauréat qu'à condition de passer deux années dans une collége de l'Université. Il ne leur suffisait pas d'être instruits ; ils n'étaient même pas admis à fournir les preuves de leur savoir, s'ils n'avaient d'abord parcouru, sous la férule universitaire, les classes de rhétorique et de philosophie.

Ces dispositions furent rigoureusement appliquées pendant toute la durée de la Restauration ; car l'immunité accordée à quelques colléges, dits de plein exercice, comme le collége Stanislas à Paris, fut une faveur si restreinte qu'on peut à peine la considérer comme une exception. La Révolution de Juillet, faite au nom d'une prétendue liberté, ne changea rien à cet ordre de choses. La liberté d'Enseignement inscrite dans la Charte de 1830, demeura lettre morte. Et pourtant est-il possible de rien imaginer de plus inique que ces mesures exclusives ? Il a fallu une haine anti-catholique poussée jusqu'à l'aveuglement et une horreur invincible de tout ce qui pouvait favoriser les intérêts religieux, pour que des hommes qui se paraient du nom de Libéraux osassent maintenir, malgré d'énergiques et incessantes réclamations, un système si opposé aux notions les plus vulgaires de la justice et de la liberté.

III.

Mais, lorsqu'éclata la Révolution de 1848, le libéralisme étroit du règne de Louis-Philippe recueillit ce qu'il avait semé ; et vit avec effroi, à la tête du parti de la spoliation et de l'anarchie, des fils de cette Université qui, en cultivant leur esprit, n'avait pu empêcher la dépravation de leur cœur. On vit jusqu'où peut aller l'audace de la raison émancipée du frein salutaire de la foi et habituée à se regarder comme souveraine. On la vit étonnant l'Assemblée Nationale par son cynisme, épouvantant le pays tout entier par les déclamations incendiaires du journalisme et poussant aux barricades un peuple égaré par la voix des orateurs des clubs.

La société, traînée au bord de l'abîme, put en mesurer la profondeur et recula terrifiée ! Aussi, lors de la discussion de la loi sur l'Enseignement, en 1850, vit-on les anciens Libéraux de 1830, et celui-là même qui, autrefois, avait peut-être le plus partagé les préjugés répandus contre l'Enseignement ecclésiastique, M. Thiers, faire alliance avec les hommes qui, au nom des intérêts religieux, n'avaient cessé de réclamer la liberté d'Enseignement. De cette entente de toutes les forces conservatrices de la nation est sortie la loi qui nous régit aujourd'hui. Cette loi n'a été qu'un moyen terme entre la liberté complète et le système exclusif qui avait régné précédemment ; mais, telle qu'elle est, et malgré ses imperfections, elle a produit un bien immense dont les effets sont déjà faciles à constater.

Cette loi a permis à tous les citoyens de fonder des colléges et des institutions, pourvu qu'ils justifiassent de leur capacité par des titres académiques et à condition que ces établissements fussent inspectés par des délégués de l'Université et soumis à la suprématie du Conseil supérieur de l'Enseignement public.

Ce n'était pas, on le voit, la liberté absolue, puisque l'État continuait d'être le principal dispensateur de l'instruction et que l'Université restait suzeraine de tous les établissements fondés en dehors d'elle, jouissant seule de la collation des grades, de la fixation des programmes d'études et opposant à toutes les créations individuelles une possession déjà ancienne et la force compacte de sa puissante organisation. Néanmoins, les membres des congrégations religieuses ont pu, comme tous les autres citoyens et bien qu'ecclésiastiques, fonder, à leurs risques et périls, des maisons d'éducation. Les élèves qu'elles forment sont aptes, au même titre que les élèves des lycées à acquérir tous les grades que l'Université confère ; et ainsi se trouve sauvegardée la liberté du père de famille qui, à côté des établissements de l'État, en peut trouver d'autres offrant les garanties d'une éducation plus solidement religieuse. En outre, des évêques ont été appelés à siéger dans le Conseil supérieur de l'Enseignement public ; et, bien que noyés en petit nombre au sein de ce conseil, bien que mêlés à des représentants des communions protestantes et du culte israélite, ils ont pu, dans différentes circonstances, faire entendre des avis salutaires et obtenir plus d'une mesure favorable aux intér ts religieux.

Malheureusement des restrictions ont été apportées depuis quelques années aux dispositions libérales de la loi de 1850 ; le nombre des maisons religieuses a été limité et on ne peut en fonder de nouvelles, on ne peut même augmenter celles qui existent déjà, sans une autorisation qu'il est plus facile de demander que d'obtenir.

IV.

En fait, l'Université demeure donc prépondérante, et par l'avantage que lui donne la subvention de l'État, et par le nombre de ses lycées, et par la direction qu'elle conserve sur l'Enseignement public. C'est donc principalement sur elle que repose le soin de former les générations futures, c'est sur elle aussi, par conséquent, que pèse surtout la responsabilité de l'avenir.

M. Duruy, lors de son avénement au ministère de l'instruction publique, a prononcé à ce sujet une belle parole. « *Il est temps,* a-t-il dit, *de faire des hommes et non des bacheliers.* » Ces mots révèlent sans doute des dispositions généreuses ;

mais lorsque M. le Ministre les a prononcés, il ne s'est pas aperçu, en proclamant que le but de l'éducation doit être la formation du cœur et du caractère, plus encore que le développement de l'esprit, qu'il condamnait par cette déclaration même, l'Enseignement de l'Université.

Cette promesse d'un bien à venir est, en effet, l'aveu implicite que le passé n'a pas su l'opérer ; et, forts de cette triste expérience, nous avons lieu de craindre que l'Université ne soit, pour toujours, condamnée à cette impuissance, quelle que soit d'ailleurs la pureté d'intention de ses plus hauts dignitaires.

En effet, l'homme est un être moral plus encore qu'un être intelligent. Or, les sciences favoriseront son action physique, elles augmenteront son pouvoir sur la nature, en lui permettant de surprendre quelques unes de ses lois et de maîtriser quelques une de ses forces ; les lettres poliront son esprit et développeront son intelligence, en le mettant en communication avec les plus grands génies de tous les temps ; mais ni les sciences ni les lettres ne feront rien, ou presque rien, pour son cœur. Ce ne sont point quelques lueurs incertaines de vérité, contenues dans les écrits des philosophes anciens, ni quelques vagues préceptes de la loi naturelle, dépourvus de l'autorité du dogme et affranchis d'une sanction éternelle, qui pourront s'imposer à la croyance, contraindre la volonté et retenir les individus et les sociétés sur la pente où les entraînent les intérêts et les passions. Ce qu'il faut pour former des hommes, ce ne sont point les hypothèses du scepticisme, ni les opinions de la philosophie ; il faut l'affirmation certaine, l'autorité incontestable d'une religion qui puisse éclairer l'esprit dans ses doutes, fortifier le cœur dans ses défaillances et le relever dans ses chûtes.

Or, l'Université ne peut communiquer à ses élèves cette force religieuse, ce guide de la raison, ce soutien de l'âme qu'elle ne possède pas elle-même. Issue de la révolte philosophique et de l'incrédulité révolutionnaire, elle portera toujours la peine de son origine. Au lieu du repos dans la foi, elle ne pourra jamais donner aux intelligences que l'instabilité dans le doute et l'agitation dans la dispute, ses professeurs, si distingués par la culture de leur esprit, si remarquables par la solidité de leur érudition, sont, pour la plupart, d'une incroyable indigence de principes , dans l'ordre religieux ; et ceux mêmes qui ont le bonheur de connaître les vérités et les préceptes du catholicisme, d'y croire et de les pratiquer, se trouvent, par leur isolement, sans action sur le milieu qui les entoure.

Ce vide de l'éducation universitaire, quant aux questions de l'ordre moral, a été rendu plus profond encore par l'innovation récente qu'on désigne sous le nom de *bifurcation des études*. Cette disposition a eu pour résultat d'arracher aux études littéraires un nombre infini de jeunes gens qui demandent aux sciences l'accès des écoles du gouvernement ou des carrières industrielles. Or les études presque exclusivement scientifiques ne font que développer encore les tendances matérialistes auxquelles notre époque ne se laisse déjà que trop entraîner. Les sciences, en effet, habituent l'esprit qui s'y livre d'une manière spéciale à tout rapporter aux choses sensibles, et à ne reconnaître de vérités que celles qui se constatent par l'expérimentation ou se démontrent avec la rigoureuse exactitude d'une proposition géométrique. Ajoutons que, quelque étendu que soit leur domaine, elles contribuent beaucoup moins que la littérature au développement de l'intelligence. Les sciences naturelles reposant tout entières sur l'observation ne laissent guère à l'esprit qu'à constater les faits positifs ; et les mathématiques elles-mêmes, bien qu'abstraites par excellence, n'invoquent le raisonnement que pour la démonstration, et ne laissent place ni à l'imagination ni à l'invention (1).

La littérature au contraire, surtout lorsqu'on en pousse la connaissance un peu avant et qu'on pénètre jusque dans son temple, met en jeu toutes les facultés intellectuelles de l'homme, forme son jugement et son goût par l'étude des grands

(1) « J'avais passé longtemps dans l'étude des sciences abstrai-
« tes ; et le peu de communication qu'on en peut avoir m'en avait
« dégoûté. Quand j'ai commencé l'étude de l'homme, j'ai vu que
« ces sciences abstraites ne lui sont pas propres, et que je m'é-
« garais plus de ma condition en y pénétrant que les autres en les
« ignorant. » (PASCAL. *Pensees*, chapitre VIII.)

écrivains qu'elle lui propose pour modèles, et fait appel à son imagination, à son génie créateur en l'invitant à marcher sur leurs traces. Dès le seuil de la littérature l'élève se trouve ainsi livré à la réflexion, et il est obligé de se replier en lui-même et de tirer de son fonds, même en traduisant, car une bonne traduction peut être regardée comme une demi-création. Bien plus, les lettres, qui peuvent parfaitement se passer du secours des sciences, sont les auxiliaires indispensables de celles-ci ; c'est à elles qu'il faut demander la justesse des expressions et la précision du langage qui sont les instruments obligés de toute démonstration.

En outre, l'Enseignement littéraire, comprenant l'étude de l'histoire et de la philosophie, accoutume l'esprit à des considérations de l'ordre moral ; et, s'il est insuffisant à lui faire trouver la vérité, il le prépare du moins à la comprendre et à la recevoir.

L'étude approfondie des langues anciennes et spécialement du latin présente encore un autre avantage. La connaissance de cette langue, mère de la nôtre, permet de fixer d'une manière invariable le sens des mots, en nous faisant remonter à leur racine ; elle donne aux écrivains qui la possèdent une netteté dans la pensée, une lucidité dans la forme, une justesse dans l'expression que n'atteindront jamais ceux qui n'ont appris le français que par la lecture des bons auteurs, à plus forte raison ceux qui ne l'ont appris que par l'usage. C'est à la pratique des langues anciennes que notre vieille société française a dû la culture de son esprit, l'élégance de son langage et la politesse de ses mœurs ; c'est à elles, que nos grands écrivains ont dû l'élévation et la précision de leur style, c'est à elles qu'ils ont emprunté leurs plus sublimes inspirations.

Ce retour aux sources pures de l'antiquité est d'autant plus urgent de nos jours que l'anarchie qui s'exerce dans la littérature comme dans tout le reste, a déjà altéré notre langue de la manière la plus funeste et amènera inévitablement sa complète décadence. Un grand nombre d'écrivains, doués de plus d'imagination que de jugement, de plus d'esprit que d'instruction, et ambitieux de se faire distinguer au milieu de la foule de leurs rivaux, ont cherché à fixer l'attention par la singularité de l'expression ou la bizarrerie du style, et ont, pour y parvenir, torturé et disloqué notre malheureuse langue française, poussés par le besoin de faire du pittoresque, du nouveau, de l'imprévu et trop souvent aussi de dissimuler l'indigence du fond sous le prestige de la forme. De là, l'ébranlement du sens des mots, l'incertitude de l'expression, le vague de la pensée et, par suite, l'égarement du bon sens public. En outre, notre langue a été envahie depuis quelque temps par une foule de mots sortis des ateliers artistiques, des coulisses, des corps de garde, des tavernes et de lieux pires encore. Du langage familier ces mots se sont glissés peu à peu dans la littérature, et quelques-uns y ont pris pied complètement, en supplantant d'autres mots tout aussi expressifs, beaucoup plus nobles, appuyés sur des racines anciennes et recommandés par l'usage qu'en avaient fait les grands auteurs.

Une réaction est indispensable contre cette démocratisation de la littérature, sous peine de voir notre langue se fondre dans l'argot de la rue, devenir triviale comme lui, comme lui sujette aux variations de la fantaisie et mobile selon les caprices de la multitude, de la voir étouffée par le grotesque et l'ignoble, de voir nos chefs-d'œuvre devenir incompréhensibles aujourd'hui, en attendant que nos propres absurdités soient devenues inintelligibles demain. Pour éviter cette lamentable décadence, pour opérer cette réaction salutaire, ce serait peu que les auteurs donnassent les premiers l'exemple du retour au bon goût et à la droite raison, il faut que le public soit lui-même en état de correspondre à leur effort, il faut que les générations qui s'élèvent soient prémunies contre cet entraînement général et contre l'attrait funeste qui nous jette au-devant de toutes les nouveautés. Il faut de fortes études latines, complétées par la lecture de nos vieux auteurs français du XVIe et du XVIIe siècle, qui nous apprendront à la fois la langue et l'orthographe, car elle aussi a été dénaturée, et elle ne pourrait que gagner à se rapprocher des racines.

Donc, si l'on veut faire des hommes vraiment

dignes de ce nom, il faut développer leur esprit par l'étude de la littérature, et former leur cœur par l'étude de la religion. Est-ce à dire qu'il faille réviser les programmes de l'Enseignement et transformer les humanités en cours de théologie ? Non sans doute ; mais il faut que la vérité religieuse, au lieu d'être cantonnée dans une région séparée du domaine des connaissances humaines et abandonnée à l'enseignement toujours insuffisant d'un aumônier, se mêle à tout l'ensemble des études. Il faut non-seulement que chaque professeur ne prenne pas dans les notions qu'il présente à ses élèves, prétexte à des digressions anti-religieuses, non-seulement qu'il évite de dénaturer tout ce qui peut avoir trait aux questions dogmatiques, mais il faut au contraire qu'il ne néglige jamais une occasion de faire entrer ou de corroborer la foi dans les esprits qui lui sont confiés. Il faut qu'en même temps que les jeunes gens auront grandi en intelligence, ils aient aussi grandi en sagesse et que, ayant acquis les connaissances nécessaires pour s'élever dans le monde, ils aient aussi reçu des principes qui leur servent de règle pour s'y gouverner en gens de bien : il faut, en un mot, que l'Enseignement soit religieux.

Or, pourquoi nos adversaires ne veulent-ils pas de cet Enseignement religieux ? Ont-ils à lui reprocher de nuire au développement intellectuel ? Mais en remontant dans le passé, aussi bien qu'en jetant les yeux autour de nous, nous voyons que les génies les plus élévés, les plus beaux caractères, les plus grands citoyens ont été en même temps des chrétiens. Nous avons vu qu'avant la Révolution, le clergé, seul chargé de l'instruction de la jeunesse, suffisait si amplement à sa tâche qu'au dire de M. Thiers, il serait impossible aujourd'hui, en réunissant toutes les forces vives et toutes les sommités intellectuelles de la nation, de composer une Assemblée égale en intelligence et en savoir à l'Assemblée Constituante de 1789 (1). Aujourd'hui encore nous voyons les établissements religieux soutenir avantageusement la concurrence avec les lycées de l'État, malgré toutes les circonstances qui se réunissent

(1) Assemblée Législative, séance du 15 février 1850.

pour favoriser ceux-ci. Nous les voyons, dans tous les concours, remporter des succès tels que les révolutionnaires eux-mêmes ne peuvent déguiser leur inquiétude et leur dépit. Non, ce qui blesse la démocratie dans l'Enseignement religieux, ce n'est pas qu'il soit insuffisant, c'est qu'elle ne veut pas qu'en sortant des bancs du collège les élèves, en même temps qu'ils seront devenus des savants, soient devenus des chrétiens, c'est qu'elle veut, au contraire, qu'ils soient déjà, autant que possible, imbus de ses doctrines, ou du moins qu'ils n'aient pas été pénétrés des vérités bienfaisantes qui pourraient les prémunir contre ses erreurs.

Cette force préservatrice, si urgente dans l'Enseignement secondaire, se montre, dans l'instruction primaire, encore plus indispensable. S'il est une classe qui ait besoin de vérités incontestées pour en faire la règle de sa conduite, c'est assurément celle qui, s'en tenant aux notions premières de l'enseignement et occupée à des travaux incessants, n'a ni le temps nécessaire, ni les capacités suffisantes pour étudier, comparer, juger et se faire à elle-même une conviction. Quand le peuple aura perdu la foi naïve et confiante, il lui sera impossible de la reconquérir par l'examen et le raisonnement, aussi est-il nécessaire que l'Enseignement primaire soit, plus que tout autre, empreint d'un caractère profondément religieux.

Les révolutionnaires comprennent bien, eux aussi, l'influence que l'éducation de l'enfance exerce sur l'homme fait ; et c'est à cause de cela qu'ils redoutent tant pour le peuple l'Enseignement chrétien et qu'ils demandent à grands cris l'expulsion des congrégations qui se vouent à l'instruction populaire. Etrange inconséquence ! ces hommes osent parler de la liberté d'Enseignement, et ils veulent qu'on empêche les Frères des Écoles Chrétiennes d'enseigner ; ils osent se dire les ennemis de l'obscurantisme, et ils persécutent ceux qui contribuent le plus puissamment à répandre la lumière ; ils demandent l'instruction gratuite et obligatoire, et ils mettent hors la loi ceux-là mêmes qui les premiers sont venus, avec une admirable abnégation, apporter au peuple l'instruction gratuite !

V.

Car c'est encore là une rêverie de l'école démocratique : elle demande l'instruction gratuite à tous les degrés et obligatoire pour l'enseignement primaire.

Mais quand, grâce à la gratuité, cent mille jeunes gens recevront annuellement une instruction secondaire, presque toujours insuffisante, car, à part les premiers élèves des cours, les autres voient se dérouler devant eux le magnifique tableau de l'intelligence humaine sans le comprendre, que feront ces jeunes gens de leur demi-savoir ? Les carrières libérales, déjà, de l'aveu de tout le monde, beaucoup trop encombrées, pourront-elles offrir des débouchés à cette production excessive de bacheliers ? Les démocrates pensent-ils que ces déclassés iront redemander à l'agriculture, à l'industrie, aux travaux manuels enfin, le pain que leur savoir ne pourra leur procurer ? Ce serait d'autant moins admissible que les demi-savants sont ceux qui s'en font le plus accroire, connaissent le moins leur véritable portée et exagèrent le plus leurs prétentions. Et si, poussés par la nécessité, ils se décidaient à descendre, que leur servirait tout le travail qu'ils auraient fait pour s'élever ? Ce serait donc, pour presque tous ces jeunes gens, un très-grand malheur que cette instruction qu'ils auraient acquise en vue d'améliorer leur position et qui n'aurait pour résultat que de leur donner le dégoût de celle dans laquelle ils étaient nés.

Il n'est point à souhaiter pour le bien public de voir s'accroître encore le nombre, déjà trop grand, des médiocrités ambitieuses ; et on n'a point à craindre, d'autre part, que, faute de la gratuité de l'instruction secondaire, la société se trouve privée de hautes capacités qui eussent pu lui être utiles. Ceux qui ont en eux la flamme du génie, quelle que soit l'humilité de leur point de départ et l'insuffisance de leur instruction, trouveront toujours le moyen de s'instruire eux-mêmes et de conquérir la place qui appartient à leur mérite ; et depuis le célèbre Amyot, que sa pauvreté força de se faire le valet de ses condisciples, jusqu'à Honoré de Balzac, simple compositeur d'imprimerie, on pourrait dresser une longue liste de ces intelligences supérieures dont les difficultés de la route n'ont fait que stimuler les puissantes facultés. Tous ceux dont la sève est vraiment forte perceront toujours, en dépit des obstacles, comme ces plantes vigoureuses dont les rigueurs de l'hiver ne peuvent arrêter la croissance, tandis que les intelligences vulgaires, malgré les bienfaits de l'éducation, végéteront péniblement comme des plantes de serre chaude, toujours inférieures, de quelques soins qu'on les ait entourées, à celles que la nature s'est seule chargée de développer.

Quant à la gratuité de l'instruction primaire pour les enfants que leurs parents ne seraient pas en état de faire instruire, tous les hommes sincèrement libéraux ne peuvent qu'y applaudir ; mais c'est outrepasser la mesure que de vouloir faire une obligation de cette gratuité. C'est anéantir au profit de l'État l'autorité paternelle, la plus inviolable, la plus sacrée de toutes les autorités humaines. L'État ne doit être lui-même qu'une sorte de père de famille, administrateur de la chose publique et veillant à tous les intérêts communs ; mais son action doit s'arrêter au seuil du foyer domestique, et son pouvoir sera d'autant mieux accepté que celui du père de famille sera plus respecté. Gardons-nous donc de mettre ces deux autorités en conflit. Nous n'avons que trop de penchant, en France, à tout mettre entre les mains de l'État, n'allons pas jusqu'à abdiquer en sa faveur les droits légitimes que nous avons sur nos enfants, et permettre que, sous prétexte d'en faire des citoyens, on vienne les enlever à nos affections et à notre sollicitude paternelle, qui, mieux que toute autre, saura pourvoir à leurs intérêts. N'allons pas, au nom d'un prétendu progrès et d'une fausse liberté, appeler de nos vœux la plus odieuse des tyrannies, celle qui nous arracherait nos fils, cette partie de nous-mêmes, pour les jeter entre les mains d'inconnus qui pourraient, sans contrôle de notre part, fausser leur esprit, égarer leur cœur et leur inculquer des principes anti-religieux, des maximes anti-sociales que nous abhorrons, et que nous combattrions s'il le fallait jusqu'à la mort.

De quel front osent-ils se dire Libéraux, ceux qui préconisent un si abject despotisme, et par quel artifice parviennent-ils à surprendre et à tromper l'esprit public ? S'ils voulaient sincèrement l'instruction du peuple, ne devraient-ils pas applaudir aux efforts désintéressés des congrégations qui s'y consacrent ? Loin de là, ils n'ont pas assez d'insultes pour ces humbles dévouements, pour ces héroïsmes obscurs, pour lesquels, au contraire, ils ne devraient pas avoir assez d'éloges. Ils veulent instruire le peuple ; et ils traînent dans la boue ceux qui ont le mieux mérité de la reconnaissance populaire !

Ne craignons point de démasquer ces sycophantes du Progrès et de la Liberté. La société disent-ils est divisée en deux camps ; le camp de l'esprit moderne et celui de l'esprit ancien. Écartons ces dénominations fallacieuses qui égarent les esprits, rendons aux choses leur véritable nom et disons que la société se débat au milieu d'une lutte décisive entre l'esprit d'impiété et de révolte, et l'esprit de soumission et de foi. Nos adversaires croient nous perdre en nous accusant de vouloir conquérir la société. Dans une question aussi capitale toute réticence serait inutile : Oui nous voulons la conquérir, non pour nous et pour le triomphe de nos ambitions personnelles ; mais pour Jésus-Christ à qui nous la rendrons ; mais pour elle-même que nous arracherons à ses incertitudes, à ses doutes, à ses agitations, pour lui ramener la paix et la stabilité qu'elle ne peut retrouver qu'au pied de la Croix : c'est par l'éducation anti-religieuse que la France a été mise en péril ; c'est par l'éducation religieuse seulement qu'elle peut être sauvée !

Les révolutionnaires aussi veulent conquérir la société non pour elle, mais pour eux-mêmes ; non pour la rendre plus heureuse, mais pour la façonner selon leurs vues et la faire servir à l'assouvissement de leurs ardentes convoitises. Aussi, dans la question de l'Enseignement, l'avantage que les classes populaires retireraient de l'instruction les préoccupe-t-il bien moins que la facilité qu'ils espèrent trouver d'infiltrer dans les jeunes intelligences leurs pernicieuses doctrines. Il ne leur suffit pas que le peuple soit instruit. ils veulent encore qu'il soit instruit par eux. Bien plus ils aimeraient mieux qu'il restât dans l'ignorance que de le voir éclairé par des instituteurs dévoués à l'idée religieuse.

Voyons, en effet, une fois le peuple en possession de l'instruction primaire quel usage ils lui en feront faire. La lecture et l'écriture, qui composent presque exclusivement cet enseignement, ne sont pas à proprement parler des notions ; mais le moyen, les instruments nécessaires à en acquérir. La lecture n'est qu'un agent destiné à mettre en communication les intelligences, voyons avec quelles intelligences la Révolution veut mettre le peuple en rapport, voyons quand il aura acquis l'instrument sur quelle matière elle prétend le lui faire exercer ; et, pour cela, examinons la question de la liberté de la Presse, corollaire naturel de la liberté d'Enseignement.

CHAPITRE NEUVIÈME.

LA LIBERTÉ DE LA PRESSE.

Après la faculté de penser, le plus beau privilége que Dieu ait donné à l'homme est celui de revêtir sa pensée d'une forme sensible et de la communiquer à ses semblables par la parole. Le génie de l'homme, qui développe sans cesse les ressources qu'il tient du Créateur, ne tarda pas à ajouter à cette parole d'un moment, son fugitif aussitôt évanoui que produit, le langage durable, éternel, le langage écrit. La parole, matérialisée pour ainsi dire, put, de la sorte, traverser les temps et franchir les distances ; l'esprit d'un seul homme, débordant au-delà des limites de sa vie, put se faire entendre à l'humanité de toutes les époques et de tous les climats. Enfin, une nouvelle découverte, celle de l'imprimerie, est venue centupler le pouvoir de l'Idée, en multipliant à l'infini, sans dépense de temps ni de peine, l'action de l'écriture.

Quelle faculté admirable que celle d'éterniser et de répandre ainsi sa pensée ! Quelle puissance donnée à un homme que celle de se mettre journellement en relation avec des milliers de lecteurs, à toutes les extrémités du monde ! Quel bien peut produire un tel agent, s'il est entre des mains honnêtes ; mais aussi quels abus peut commettre celui qui l'emploie, si, corrompu lui-même, il s'en sert pour tenir un langage corrupteur !

On peut dire de la Presse ce qu'Ésope disait de la langue : elle est à la fois ce qu'il y a de meilleur et ce qu'il y a de pire. Mais il n'est que trop dans la pente de notre nature de faire tourner plutôt au mal qu'au bien les choses qui, par elles-mêmes, peuvent se plier à ces deux extrémités ; et c'est, hélas ! le sort de la Presse de devenir plus souvent, pour le bien, un danger qu'un secours.

A quelque point de vue qu'on apprécie la découverte de l'imprimerie, qu'on regarde celle-ci comme le principe de la propagation de toutes les erreurs, ou qu'on la considère comme le flambeau qui doit éclairer les peuples, et la source d'où doivent découler tous les progrès, on ne peut nier qu'elle n'ait amené, dans les conditions intellectuelles de l'humanité, une très-importante transformation. Mais ce changement consiste bien moins, selon nous, dans l'accroissement des lumières que dans le déplacement de leur mode de propagation ; et l'imprimerie nous semble avoir eu surtout pour résultat de remplacer le langage parlé par le langage écrit, de substituer le sens de la vue au sens de l'ouïe, comme médium dans la communication des intelligences.

En effet, avant l'invention de cet art, bien récent dans l'histoire du monde, c'est la parole qui détermine les plus graves événements, et les plus grands mouvements qui se soient produits dans l'humanité. C'est la parole inspirée de Moïse qui entraîne les Hébreux hors de la terre d'Égypte et les guide, durant quarante ans, à travers le désert. C'est la parole de Démosthènes et de Cicéron qui gouverne pendant un temps le peuple Grec et le peuple R main. C'est la parole de Pierre qui arrache le monde au paganisme, pour le prosterner au pied de la Croix. C'est la parole de Mahomet qui lance les fils du Koran à l'assaut du monde chrétien ; et c'est la parole de Pierre l'Hermite qui soulève, à son tour, le monde chrétien tout entier et le jette comme une vague vivante pour refouler le flot de la barbarie infidèle. Enfin, c'est de la parole que naquirent, et par elle que se propagèrent toutes les hérésies, dont plusieurs envahirent une grande partie de l'Europe.

Qu'on réunisse aujourd'hui tout ce que nous possédons de plus éminents orateurs, on verra s'ils rassembleront autour de leur tribune autant d'auditeurs qu'il en accourut, au XIe siècle, autour de Bérenger, prêchant à Angers contre le dogme de la présence réelle. Leur nombre était si grand, qu'on vit ces foules dresser des tentes et bivouaquer la nuit, afin d'entendre encore le lendemain sa parole dont elles étaient avides. Aujourd'hui, quelle que soit l'éloquence des orateurs, quel que soit l'intérêt des questions débattues, tous, à part quelques centaines d'hommes peut-être, iront tranquillement à leurs affaires, en se disant : je lirai demain leurs discours dans le *Moniteur*. Le langage écrit a détrôné le langage parlé.

Mais l'imprimerie ne prit pas, dès son origine, cette influence presqu'exclusive, et la parole fut encore, pendant quelque temps, prépondérante. Les doctrines de Luther, par exemple, se répandirent surtout par la propagande orale, et la typographie en fut plutôt l'auxiliaire que le promoteur. Mais, à mesure que le XVIe siècle s'avance, nous voyons l'imprimerie prendre une expansion de plus en plus grande. Bornée d'abord à la reproduction des œuvres de l'antiquité, des traités théologiques et des ouvrages littéraires contemporains, elle ne tarda pas à s'emparer de la controverse des questions présentes, de *l'actualité,* comme on dit aujourd'hui. Une fois entrée dans cette voie, c'est à elle que s'adressèrent les esprits qui eurent à répandre quelques idées ; et, dès la première moitié du XVIIe siècle, c'est elle que nous voyons agiter les plus hautes questions, la querelle du Jansénisme, par exemple. Au XVIIIe siècle, l'action de l'imprimerie devint encore plus sensible et se généralisa presque dans toutes les classes de la société. C'est par son canal que se produisirent les idées philosophiques, anti-religieuses et anti-sociales. C'est elle, c'est la diffusion des livres immoraux, accompagnant celle des livres impies, qui prépara les esprits pour la grande catastrophe se termina le siècle, et qui était déjà accomplie, on peut le dire, dans les idées, avant de passer dans l'ordre des faits.

Mais cette publicité par les livres était bien restreinte encore, en comparaison de celle qu'allait donner à la pensée une application nouvelle de l'imprimerie. Nous voulons parler de la Presse proprement dite, du journalisme.

Quoiqu'il existât en France des feuilles périodiques bien avant la Révolution, et dès le milieu du XVIIe siècle, nous ne pensons pas qu'il faille assimiler ces anciennes gazettes à nos journaux actuels. Elles n'étaient guère, en effet, que des feuilles de nouvelles et n'admettaient pas la discussion. D'ailleurs, le principe du gouvernement étant accepté sans conteste, la controverse eût manqué d'aliment, et il a fallu que tout fut mis en question pour que le journalisme, tel qu'il existe aujourd'hui, trouvât sa raison d'être, les uns s'en servant pour attaquer et pour détruire, les autres pour protéger et pour réédifier.

Nous jugeons donc que notre journalisme moderne a pris naissance au moment de l'élection des députés aux États-Généraux, c'est-à-dire à la veille même de la Révolution. Quoique la parole ait, à cette époque terrible, joué un très-grand rôle dans les clubs et dans les assemblées, c'est cependant la Presse qui a exercé le plus d'influence sur les masses, en répandant de toutes parts les écrits les plus subversifs et les plus incendiaires, parmi lesquels le *Père Duchêne*, rédigé par Hébert, et *l'Ami du Peuple*, rédigé par Marat, sont demeurés tristement célèbres.

Avec l'Empire, la compression qui régna sur toutes les libertés ne pouvait manquer de s'exercer aussi sur la Presse. Il n'y eut guère d'autres journaux que le *Moniteur* et le *Journal de l'Empire,* qui prit, depuis, le nom de *Journal des Débats ;* encore ces journaux étaient-ils redevenus des gazettes, enregistrant les victoires, et donnant, non sans difficulté, quelques nouvelles ; mais n'ayant pas à se permettre la plus légère discussion.

Le retour des libertés, que la France dût à la rentrée des Bourbons, fit éclore quelques feuilles nouvelles. Le nombre en augmenta graduellement durant la Restauration et le gouvernement de Juillet ; et il était déjà considérable, quand éclata la révolution de 1848, qui fut le signal d'une véritable avalanche. La plupart de ces journaux n'eurent qu'une existence éphémère, et le nom de quelques-uns à peine est resté dans les souvenirs.

Aujourd'hui, l'homme qui pense a deux voies ouvertes pour propager sa pensée : le journal et le livre. Nous allons voir successivement ce que sont ces deux modes de publicité au milieu de notre état social.

I.

De ces deux agents, pour l'homme qui veut répandre une idée plutôt que conquérir une gloire littéraire durable, le plus puissant, sans contredit, est le journalisme. En effet, si grand que soit le succès d'un livre, son essor est toujours limité à quelques milliers d'exemplaires ; et encore faut-il, pour qu'il trouve des acheteurs, que la renommée de l'auteur soit faite d'avance. Si celui-ci n'est pas connu, s'il n'a pas, dans la Presse de ces camaraderies qui font les réputations, son ouvrage, quelqu'excellent qu'il puisse être, ne sera lu que de quelques personnes ; et par conséquent les idées qu'il renfermera auront peu de chances de faire leur chemin.

En s'adressant au journalisme, au contraire, un auteur est assuré de faire connaître ses élucubrations. Ses œuvres pourront être critiquées, si elles n'excitent l'admiration, elles exciteront peut-être la risée ; mais du moins elles seront lues, elles auront atteint la première étape obligée pour arriver au succès. Car le journal a un personnel d'abonnés tout trouvé d'avance, qui l'attend comme son pain quotidien, sans compter les lecteurs de hasard qu'il rencontre dans les cabinets de lecture, les cafés et autres établissements publics. Le journaliste a donc à sa disposition une vraie tribune et un auditoire toujours prêt à l'écouter.

On voit par là que le journalisme est une puissance considérable, et dont les effets seront fort différents suivant l'écrivain qui l'exercera. S'il est honnête homme, il pourra contribuer puissamment au bien public, s'il est perverti, le mal qu'il peut faire est incalculable.

Donc, établir *à priori* qu'une liberté illimitée doit être laissée à la Presse, que tout homme peut, sans contrôle, s'en servir pour propager sa pensée, et que c'est là le meilleur état de choses possible, serait une énormité qui ne pourrait s'expliquer que dans le cas où l'on n'admettrait aucune notion préconçue de bien et de mal. Mais si, avec la Révélation, avec la saine philosophie, et même avec le simple bon sens, on croit qu'il y a certains principes qui doivent dominer nos caprices et nos appréciations, on reconnaîtra qu'il est indispensable que le journaliste, plus que tout autre, offre des garanties, et on devra exiger de lui ce que Quintilien exige de l'orateur : qu'il soit un homme de bien, habile dans la parole, *vir bonus, dicendi peritus*. Voyons si, dans son état actuel, la Presse satisfait à ces deux conditions.

Le journalisme a de nos jours le tort immense de n'être point l'expression de l'opinion publique; mais de s'imposer, au contraire, et de faire lui-même l'opinion. Tout le monde a été à même de constater l'influence qu'exerce sur certains esprits la lecture quotidienne d'une même feuille, tout le monde a rencontré des gens qui, dans une discussion sérieuse, aux meilleurs raisonnements, aux arguments les plus décisifs, opposaient constamment cette objection sans réplique : « *Ce n'est pas là ce que dit mon journal.* » C'est qu'en effet chaque journal a un nombre plus ou moins grand de lecteurs qui lui appartiennent en propre et qui ne voient que par lui, par la bonne raison qu'ils ne lisent que lui, et ne connaissent pas, la plupart du temps, les réponses que peuvent lui adresser les feuilles rivales. Le *pour* n'étant jamais accompagné du *contre*, chaque journal discutant tout seul sans crainte d'être réfuté, il en résulte que tous les sophismes lui sont permis et qu'il peut échafauder ses systèmes sur les mensonges les plus audacieux, mensonges que le peu d'instruction de beaucoup de lecteurs lui permet de donner pour des vérités. En outre, pour presque tous les journalistes, la Presse est un métier bien plutôt qu'une mission, et la plupart écrivent parce qu'il faut qu'ils écrivent et non parce qu'ils ont à émettre des idées qu'ils croient salutaires. L'intérêt étant ainsi, pour beaucoup d'entre eux, le premier mobile, il s'agit de trouver un grand nombre de lecteurs quelconques, plutôt que quelques lecteurs honnêtes et intelligents. Or, comme on gagne plus facilement les hommes en les flattant qu'en les conseillant, la plupart des journaux parlent à la multitude le langage de ses passions, plutôt que celui de la raison et de la vérité, entretiennent les rancunes, exploitent les préjugés et égarent les intelligences.

Mais, lors même que le journalisme serait une

discussion convaincue et un examen impartial de toutes les idées qui se font jour, ce système consciencieux ne serait pas lui-même sans inconvénients. Au bout d'un débat contradictoire, il n'est pas toujours facile de conclure ; il faut, pour le faire sûrement, une rectitude de jugement et une somme de connaissances que ne possèdent pas la plupart des lecteurs. Le plus souvent, l'habitude de tout voir mettre en question, de voir scruter tous les principes, analyser toutes les idées reçues, finit par jeter les esprits dans le doute le plus pénible, auquel succède bientôt l'indifférence, ou, comme on dit de nos jours, *l'indifférentisme*, c'est-à-dire l'indifférence élevée à la hauteur d'un principe. C'est là un des maux les plus dangereux de notre société. Cette plaie terrible a envahi les croyances religieuses aussi bien que les croyances politiques, et plongé les esprits dans un état de léthargie qui est un des symptômes les plus alarmants pour l'avenir. Car, si les honnêtes gens s'endorment dans cette indifférente quiétude, il y a un parti nombreux et remuant qui, lui, ne s'endort pas, tenu en éveil qu'il est par l'envie et la haine, et qui, tôt ou tard, profitera de la force que lui fait l'apathie de ceux qui devraient le combattre ou le comprimer (1).

On le voit, la Presse a produit de grands maux dans l'ordre moral ; elle n'en a pas moins causé dans l'ordre intellectuel. La nécessité, pour tous les journalistes, de produire à heure fixe et, par conséquent, de produire vite, entraîne les écrivains même les plus lettrés à un relâchement qui, tôt ou tard, amènera la décadence de notre littérature. Par la facilité avec laquelle se lisent les articles ordinairement de peu d'étendue, d'une compréhension aisée, quant aux idées, et d'une simplicité souvent plus que négligée, quant au style, les journaux captivent leurs lecteurs, occupent un temps qui pourrait être plus

(1) « L'art de fronder et bouleverser les Etats est d'ébranler les coutumes établies, en sondant jusque dans leur source, pour marquer leur défaut de justice. Il faut, dit-on, recourir aux lois fondamentales et primitives de l'État, qu'une coutume injuste a abolies. C'est un jeu sûr pour tout perdre ; rien ne sera juste à cette balance. Cependant le peuple prête aisément l'oreille à ces discours. Ils secouent le joug dès qu'ils le reconnaissent. » (PASCAL. *Pensees*, chap IV)

utilement employé et enlèvent le goût des études de longue haleine. C'est si vrai que, dans les journaux mêmes, un article d'une certaine étendue effraie le plus grand nombre des lecteurs qui cherchent, avant tout, une distraction facile et se refusent à accorder une attention soutenue.

Et cependant, ces lectures à bâtons rompus, ces idées décousues, sans cohésion entre elles, assimilées au jour le jour, constituent, pour beaucoup de gens, la seule instruction qu'ils aient reçue ; tout ce qu'ils savent, c'est des journaux qu'ils l'ont appris. Aussi est-ce au journalisme, nous en sommes convaincus, que nous devons, en grande partie, l'incroyable ignorance où vivent tant de Français, de leur belle, saine et fortifiante littérature nationale. Nombre de gens en France connaissent et savourent les tirades creuses et ampoulées de nos feuilles démocratiques et ne connaissent pas même de nom nos grands poëtes et nos grands prosateurs.

Mais, si la Presse a été jusqu'ici très-puissante pour le mal, elle pourrait devenir non moins puissante pour le bien. Nous avons déjà dit qu'elle fait l'opinion publique ; or, qu'on suppose tous les journaux favorisant l'ordre, au lieu de se faire les apôtres de la Révolution, recommandant le respect des choses saintes, au lieu de se faire les insulteurs de la Religion et de l'Église ; et qu'on s'imagine quelle force cette unanimité donnerait à nos principes conservateurs !

Mais, sans aller jusqu'à espérer de les voir se fondre un jour dans cette union chimérique, ne peut-on dire que si la Presse, acceptant les principes qui ont été admis jusqu'ici comme les fondements de toute société humaine, se bornait à discuter de bonne foi les actes des gouvernements et les événements de la politique actuelle, il pourrait en résulter de sages conseils pour le pouvoir et une légitime expression de l'opinion publique ? Malheureusement, cette modération est, elle-même, difficile à espérer ; car une discussion suppose des principes communs admis par les adversaires, qui ne sont séparés que par la diversité des conséquences qu'ils en tirent. Or, nous voyons, au contraire, dans le journalisme actuel, une absence presque générale de principes. Le plus grand nombre des écrivains démentent un jour ce qu'ils ont érigé en loi la veille, et démentiront demain ce qu'ils proclament aujourd'hui. Sur ces bases instables, la discussion est impossible ; aussi la ligne d'un écrivain qui se consacre à la vérité sans arrière-pensée et se trouve ainsi lié par ses principes, est-elle éminemment difficile vis-à-vis d'adversaires inconstants comme le caprice et mobiles comme l'erreur.

Nous en connaissons de ces écrivains héroïques, dévoués quand même à la vérité, que les attaques de leurs adversaires ne peuvent intimider et qui ne se laissent gagner par aucune avance. A ceux-là tout notre respect et toute notre reconnaissance. Si leurs travaux n'excitent pas les applaudissements bruyants de la foule, ils leur assurent l'estime et la sympathie de tous ceux qui savent honorer les beaux dévouements et les fortes convictions. Mais, en présence de toutes les ruines qui nous ont été faites, que peut cette petite phalange de journalistes honnêtes et sincères ? Ils ne peuvent guère essayer de prendre l'offensive, leur rôle n'est point un rôle de conquête, mais un rôle d'apologie et de réparation.

Du reste, la question aujourd'hui n'est pas de savoir si la Presse est, en elle-même, une bonne ou une mauvaise chose : tout le monde, même ses ennemis déclarés, s'accorde à reconnaître qu'elle est nécessaire. Il s'agit donc moins de discuter son existence que de tâcher d'en tirer le meilleur parti possible.

Malheureusement, l'état actuel des choses ne nous paraît pas de nature à atteindre ce but ; car, si un gouvernement doit tout mettre en œuvre pour conjurer la licence, qui est l'abus de la liberté contre l'autorité, il ne doit pas moins se garder lui-même de l'absolutisme, qui est l'abus de l'autorité contre la liberté. Or, dans la législation présente sur la Presse, nous ne voyons que précautions prises contre elle par le pouvoir, sans que, en retour de ces précautions, il lui accorde aucune garantie.

D'abord, un journal ne peut se fonder sans une autorisation préalable. En supposant qu'après mille difficultés on lui accorde cette autorisation, il lui faut trouver un imprimeur, ce qui est quelquefois difficile, et même, dans certaines villes de province, absolument impossible ; car la profession d'imprimeur elle-même n'est pas libre, on ne peut l'exercer qu'avec un brevet qu'il est fort difficile d'obtenir et que l'on peut perdre très facilement. Ces deux obstacles surmontés, le journal naissant doit verser un cautionnement. De plus, chacun de ses numéros est soumis à la formalité du timbre, ce qui le force d'augmenter d'une manière sensible le prix de son abonnement, et par conséquent lui enlève des lecteurs.

Ces conditions remplies, il lui reste, dans le cours de sa carrière, à s'orienter au milieu de mille écueils d'autant plus dangereux qu'ils sont moins définis. Car, s'il attaque tant soit peu le pouvoir, il tombe sous le coup d'une répression infligée par le pouvoir lui-même, qui apprécie seul dans quelle mesure il est attaqué et se trouve ainsi, à la fois, juge et partie. Cette répression, sous sa forme la plus bénigne, sera un *Communiqué* ; c'est-à-dire une réponse ministérielle ou préfectorale que le journal sera forcé d'insérer. Cette réponse pourra contenir des faits erronés, ou des arguments contestables. Si le journal se permet de les discuter, ce ne pourra être qu'avec la circonspection la plus minutieuse, à peu près comme l'agneau discute avec le loup ; car le même pouvoir qui a usé du communiqué peut, s'il juge que la discussion aille trop loin, user de la répression au second degré, c'est-à-dire de l'*Avertissement*. Ce mot, il faut en convenir, est heureusement trouvé, il a une physionomie bienveillante et paternelle ; mais il ne faut pas se fier à cette apparence débonnaire ; car l'autorité, après avoir usé deux fois de l'avertissement, prononce contre le journal inculpé une suspension qui peut même dégénérer en suppression définitive ; c'est-à-dire devenir la peine de mort.

Or, pour encourir une pénalité aussi rigoureuse, il faut sans doute de bien graves méfaits. Mon Dieu non ! nous l'avons dit, c'est le pouvoir qui apprécie lui-même dans quelle mesure il a lieu de se trouver attaqué. Du moment que la faute n'est jugée que par un seul homme, préfet ou ministre, et sans que le coupable ait le droit de se défendre, il suffit d'une fausse interprétation ou d'un caprice pour amener une condamnation.

Pour donner une idée de la manière équitable et intelligente dont ces dispositions répressives sont parfois appliquées, nous citerons un fait qui s'est passé, il y a quelques années, dans le chef-lieu de l'un de nos départements de l'Ouest, et dont nous sommes en mesure de prouver l'authenticité. L'*Union de l'Ouest* avait publié un article que reproduisirent plusieurs journaux de Paris et de la province. Tous reçurent un communiqué du Ministre de l'Intérieur ou du préfet de leur département. Dans le chef-lieu dont nous parlons, existe un journal assez mal noté en haut lieu, qui, pressentant que cet article pourrait provoquer quelque mesure *autoritaire*, s'était prudemment abstenu de le reproduire. Mais, lorsque parut le communiqué ministériel, l'écrivain qui dirige cette feuille remarqua que le Ministre y avait intercalé l'article qu'il incriminait. Notre journaliste publie alors le communiqué du Ministre et, par conséquent, l'article inculpé qui s'y trouvait contenu. Il se croyait en paix avec sa conscience de bon citoyen et d'honnête journaliste. Cependant il reçoit le lendemain. de M. le Préfet, un communiqué *identique* à celui qu'il avait inséré. Croyant à erreur, le publiciste court à la préfecture et prouve, la collection de son journal en main qu'il avait reproduit, non l'article coupable, mais un document ministériel. Vainement ajouta-t-il que la publication réitérée de ce communiqué ne pourrait que jeter du ridicule sur l'administration qui en exigerait la répétition ; tout fut inutile et notre malheureux écrivain dut, bon gré mal gré, reproduire une seconde fois le communiqué malencontreux.

On voit par cet exemple combien la loi qui régit la Presse est imparfaite, et combien sa réforme mériterait d'appeler l'attention du pouvoir.

Est-ce à dire qu'il faille négliger toutes les précautions et supprimer tous les degrés de pénalité ? Loin de nous une telle pensée ; mais, sans songer à nous affranchir de toute disposition repressive, ne pouvons-nous demander de voir appliquer autrement celles qui existent aujourd'hui ? On n'attend pas de nous, sans doute, que nous formulions une loi sur la Presse : une telle entreprise serait aussi présomptueuse que stérile ; mais nous essaierons, néanmoins, d'indiquer quelques réformes qui seraient déjà, à notre avis, de grandes améliorations.

Pourquoi, par exemple, ne pas supprimer l'autorisation préalable ? N'est-ce pas exercer un pouvoir despotique que d'être maître, à son gré, de laisser parler un homme ou de le réduire au silence ? Pourquoi l'autorité préjugerait-elle pour ou contre un écrivain, avant de l'avoir vu à l'œuvre ? Or, n'est-ce pas préjuger et prononcer *à priori* la plus terrible condamnation contre lui que de lui fermer la bouche avant même qu'il ait pris la parole ? Donc, que tout le monde soit libre d'élever sa tribune et de fonder un journal. Mais, comme à côté des hommes sincères qui demandent la liberté parce qu'ils la regardent comme pouvant seule amener l'épanouissement complet de toutes les forces et de toutes les prospérités de la nation, il en est d'autres qui ne la réclament que pour s'en faire une arme contre tous les pouvoirs et contre la société elle-même, nous sommes le premier à penser que, si le droit de parler est laissé à chacun, c'est à condition qu'il ne sera pas permis de tout dire. Quelle sera la limite ? Quelle sera la pénalité, en cas d'infraction ? C'est ce qu'il ne nous appartient pas d'établir ; mais n'est-il pas de la justice la plus élémentaire de demander, du moins, que les délits soient prévus d'avance et clairement définis, qu'il soit reservé à l'autorité judiciaire de les constater et de les poursuivre, et que la peine soit prononcée, non sans droit de défense et par un pouvoir qui est lui-même l'offensé, mais après un débat contradictoire et public et par un tribunal ? Est-ce donc une prétention trop haute que de demander qu'il y ait un code et que la justice soit enfin substituée à l'arbitraire ?

Mais, comme on ne saurait refuser à un pouvoir le droit de prendre ses précautions, il n'y a pas lieu, selon nous, de réclamer contre le cautionnement exigé de tous les journaux. Sans cette garantie, si la formalité de l'autorisation préalable venait à être supprimée, nous verrions pulluler une multitude de feuilles qui, n'ayant rien à risquer, puisque la suppression ne les empêcherait pas de reparaître le lendemain sous un autre nom, braveraient gaiement les rigueurs judiciaires et ne reculeraient devant aucune audace ni devant aucun scandale. Le cautionnement a pour effet salutaire de prévenir ces déportements et d'arrêter, par l'intérêt, ceux que leur conscience serait impuissante à retenir.

Par la même raison, on ne peut qu'applaudir à la mesure qui exige que chaque article soit signé du nom de son auteur ; mais il serait à désirer que cette signature servît à rendre l'auteur seul responsable et à dégager, autant que possible, le journal, être impersonnel, des périls qui le menacent sous l'empire du système actuel. Ce n'est pas à dire qu'un journal pût se livrer perpétuellement à des attaques de tout genre, sans encourir d'autre peine que de voir, sans danger pour lui-même, condamner l'écrivain à qui il aurait donné la parole ; mais nous voudrions qu'il fallût de très graves motifs pour que son existence pût être compromise ; et que les avertissements, la suspension et la suppression ne pussent être infligés que par un tribunal.

On nous objectera qu'un semblable système était en vigueur sous la Restauration et sous le gouvernement de Juillet, et qu'il en résultait un escamotage de la légalité : sous la Restauration, des acquittements scandaleux, sous le gouvernement de Juillet, des condamnations souvent excessives et parfois injustes. C'est qu'alors le jugement était rendu par un jury ; et que le *hasard* qui présidait à sa désignation, sous ce dernier gouvernement, se montrait ordinairement si intelligent des intérêts du pouvoir qu'il avait soin de ne choisir que des jurés dont les opinions politiques assuraient d'avance le verdict que l'autorité souhaitait d'obtenir. Mais on éviterait le danger que peut offrir la partialité d'un jury, en déférant aux magistrats seuls le jugement en matière de presse. L'honneur de notre magistrature française est un sûr garant de l'impartialité de ses arrêts ; mais, si l'on voulait une garantie plus forte encore, on pourrait confier ces sortes d'affaires aux Cours d'appel dont l'intégrité serait assurée par leur indépendance vis-à-vis du pouvoir.

Quant au *communiqué*, renfermé dans de justes limites, il peut produire les meilleurs résultats. Mais s'il constitue pour le pouvoir un moyen précieux de redresser des faits, de rectifier des erreurs et de discuter des idées, il est de l'équité que ce droit soit réciproque et que le journaliste puisse, lui aussi, discuter le communiqué qu'il a reçu. C'est déjà une obligation assez rigoureuse pour un journal que de donner place dans ses colonnes à un document qui a d'autant plus de valeur, aux yeux du public, qu'il émane de l'autorité.

La formalité du timbre n'a pas, pour justifier son existence, les mêmes raisons d'utilité morale. Bien qu'elle ait une certaine importance comme mesure fiscale, elle a pour but de nuire à l'essor de la Presse, plus encore que de grossir les recettes du trésor. Le gouvernement le comprend bien ainsi et il a exempté de cet impôt une feuille officieuse dont il désire favoriser la diffusion, le *Moniteur du soir* (1). Cette contribution, pénible déjà pour chacun, alors que tous en étaient frappés, devient plus lourde encore par le monopole que crée au profit d'un favori cette immunité exceptionnelle. Aussi n'y a-t-il qu'une voix parmi ceux qui aiment et désirent sincèrement la liberté, pour demander, non que ce privilégié soit, comme les autres journaux, astreint, d'une manière effective, à l'obligation du timbre ; mais que tous en soient exemptés.

Quelques esprits, effrayés de l'arbitraire qui préside à la pénalité en matière de Presse, et préoccupés en même temps des intérêts du pouvoir, pensent qu'on pourrait concilier la liberté avec la prudence, en établissant une censure préventive, chargée d'écarter les articles qui sembleraient de nature à éveiller les susceptibilités de

(1) Le *Petit Moniteur* est soumis au timbre, il est vrai ; mais c'est, pour lui, une simple fiction légale, car son timbre lui coûte six centimes et il donne son numéro pour un sou. Il perdrait donc un centime sur le timbre seul, sans compter les frais de rédaction, de papier et de tirage, s'il était dans les conditions ordinaires du journalisme.

l'administration. Il serait plus loyal, à leur avis, de prévenir un délit que de le laisser se commettre, pour le punir après sa perpétration.

Quelque spécieux que puisse être cet argument, nous ne pouvons souhaiter de voir établir une censure préventive, que nous regarderions comme plus dure, cent fois, que les rigueurs présentes. Quiconque connaît un peu l'homme sait combien un pouvoir discrétionnaire tourne facilement à l'absolutisme ; et une telle censure serait plus arbitraire encore que la manière dont l'administration use aujourd'hui de ses droits. En effet, un avertissement, une suspension, une suppression étant prononcés après que l'article qui les motive a paru, l'opinion publique reste juge de l'opportunité et de la justice de ces mesures. Bien que son désaveu n'infirme pas la décision prise par l'autorité, celle-ci ne s'en préoccupe pas moins, à juste titre, et la crainte d'outrepasser l'équité peut quelquefois modérer ses rigueurs. La censure, au contraire, opérant à huis clos et procédant par étouffement, n'aurait rien à redouter de pareil ; et l'arbitraire, s'exerçant sans le contrôle de l'opinion, pourrait, dans certains cas, dégénérer en flagrante iniquité.

Les vœux que nous venons d'exprimer obtiendront-ils tôt ou tard leur réalisation ? Bien que tout le monde sente qu'il est nécessaire d'apporter quelque adoucissement à la loi qui régit la Presse et que le pouvoir lui-même n'ignore pas qu'une compression trop énergique est souvent plus funeste qu'une légère exagération de tolérance ; tant de gens en France craignent la liberté et tant d'autres semblent prendre à tâche de la rendre haïssable par l'abus qu'ils en font, que nous ne savons si nous devons nous flatter de la posséder jamais dans les limites raisonnables.

II.

Après le journal, la forme la plus ordinaire des écrits politiques est la brochure. Comportant plus de développements, elle se prête mieux à l'examen et à la discussion des questions étendues. En outre, ayant toujours, en sa qualité de livre, une publicité plus restreinte. elle favorise l'émission de certaines idées hardies que la loi qui gouverne la Presse se refuserait peut-être à laisser passer dans une feuille périodique. Mais, quelle que soit la vogue d'une brochure, elle a le grave inconvénient de ne s'adresser jamais qu'à un petit nombre de lecteurs ; et elle ne fait guère que servir de point de départ à une idée dont la Presse achève ensuite la vulgarisation. Aussi doit-on regarder comme excessive l'obligation du timbre qui lui est imposée, quand elle ne compte pas au moins dix feuilles d'impression. Cette mesure n'a qu'un résultat fiscal insignifiant, et il est impossible d'y voir autre chose qu'une entrave apportée à la libre expression de la pensée, entrave qui devrait être imposée à un ouvrage, non en raison de son développement, mais en raison du sujet qu'il traite et de la manière dont ce sujet est traité.

Toutefois, il n'en faut pas moins reconnaître l'urgence d'une pénalité : nous pensons qu'elle devrait être, comme pour les délits de presse, appliquée par les tribunaux, et qu'elle pourrait être précédée d'une saisie préventive. Mais pour qu'il ne pût rester aucune place à l'arbitraire, cette saisie, pour devenir définitive, aurait besoin d'être confirmée par un arrêt, rendu dans le plus bref délai possible.

Enfin, outre le journal et la brochure, le livre proprement dit est aussi à la disposition de l'écrivain. Nous n'avons point à nous occuper ici des livres scientifiques, ni des traités spéciaux, n'envisageant point la Presse comme auxiliaire de la science, mais comme propagatrice des idées politiques et sociales. A ce titre, nous dirons quelques mots de la littérature contemporaine qui, sous les formes les plus variées, a puissamment contribué à répandre et à faire accepter les idées qui ont cours aujourd'hui.

Parmi ceux qui suivent le mouvement littéraire de notre époque, quelques-uns constatent avec douleur que notre siècle est, sous ce rapport, dans une lamentable décadence. D'autres, au contraire, amis exagérés de leur temps, proclament que jamais les lettres n'ont été plus florissantes, et représentent comme des esprits chagrins et pessimistes ceux qui refusent de s'associer à cet enthousiasme pour les contemporains.

Ces deux propositions, prises dans leur sens absolu, nous semblent l'une et l'autre excessives; et c'est, croyons-nous, entre les deux que se trouve la vérité. Notre époque n'est point impuissante ; loin de là, son apparente stérilité vient de ce que nous ne savons pas distinguer les œuvres fortes qu'elle a vues naître au milieu du chaos de productions chétives qui les étouffent, comme dans l'ordre de la nature les plantes sauvages dominent et étouffent le bon grain. Mais si, de cette végétation parasite, nous entreprenons de dégager les chefs-d'œuvre, et si nous avons le discernement assez sûr pour opérer ce choix, nous reconnaîtrons que, pour être inférieurs au grand siècle, nous n'en sommes pas moins dignes de marcher après lui, et que nous pouvons apporter notre contingent de gloire au trésor qu'il nous a légué. Nous pouvons du moins marcher de pair avec le siècle qui nous a précédés, sinon prendre le pas sur lui.

Nous rencontrons, en effet, dans ce siècle, des auteurs élégants qui suivent encore avec bonheur les traces lumineuses de leurs devanciers ; mais, à part Voltaire, qui domine toute son époque et qui n'est lui-même qu'une figure de second plan au prix des littérateurs du règne de Louis XIV, et Montesquieu peut-être, nous ne trouvons pas un nom digne d'être joint à la troupe de ces immortels. Le XVIIIe siècle a été, dans l'ordre littéraire, un siècle de tradition et de transition. Or, de notre temps, la transition est accomplie ; et c'est précisément quand nous voulons remonter à la tradition que nous faisons preuve d'une plus grande infériorité. La satire a été remplacée par le pamphlet et la caricature. La Fontaine est remplacé par M. Viennet. La tragédie est morte, la ressusciter serait impossible et les généreuses tentatives qu'ont faites dans ce sens des auteurs d'un mérite réel, n'ont abouti qu'à mieux constater notre impuissance. La comédie, elle-même, n'a pas une œuvre durable à nous offrir. Nous voyons, il est vrai, surgir un assez grand nombre de productions agréables qui retracent, avec une fine ironie, les opinions, les ridicules et les travers de notre société. Ces pièces sont écrites avec un talent incontestable, les acteurs qui les mettent en scène excellent à saisir les attitudes, les façons de marcher, les intonations, et jusqu'à la mise de tel ou tel qui, pris pour type à son insu, se voit représenté sur le théâtre avec la fidélité d'une épreuve photographique. Mais, avec l'actualité, avec certain usage, certaine mode, disparaît tout l'intérêt de ces pièces dont les plus vivaces durent à peine vingt ans : c'est qu'elles nous retracent des traits de mœurs, mais qu'elles ne nous peignent point de caractères, c'est qu'elles ne nous font voir l'homme que par l'épiderme, et non par ce qu'ont d'éternellement vrai et d'éternellement dramatique les agitations et les tempêtes de son cœur.

Mais, si notre époque se montre inférieure au passé, quand elle essaie de marcher sur ses traces, il est juste de dire, à sa gloire, qu'elle a ouvert des voies nouvelles et qu'elle a vu naître, elle aussi, des œuvres et des noms dignes d'être légués à l'avenir. L'histoire, par exemple, peut être revendiquée par notre siècle comme sa propre création. Nous n'avions eu jusqu'ici que la chronique et il était réservé à notre temps de découvrir mille documents enfouis au fond de nos bibliothèques, de les rapprocher, de les confronter, d'en faire jaillir la connaissance du passé et d'en tirer les enseignements philosophiques, sans lesquels l'enchaînement des faits peut intéresser la curiosité, mais ne dit rien ni au cœur, ni à la raison.

Quand l'apaisement des passions politiques permettra aux historiens de se dégager de l'esprit de parti qui les entraîne à torturer les faits suivant les besoins de leurs systèmes, nous verrons paraître l'histoire vraie, incontestable, définitive : les matériaux sont tout prêts, il ne faut plus que des esprits impartiaux et indépendants pour les mettre en œuvre.

L'archéologie, fille de l'histoire, si elle n'en est la sœur, qui nous initie à la vie intime de nos aïeux, comme l'histoire nous fait assister à leur vie politique et sociale, l'archéologie n'était pas même soupçonnée dans les siècles précédents.

La poésie, à travers tous les écarts du romantisme, malgré des exagérations souvent voisines du ridicule, nous a dotés aussi d'œuvres dignes d'exciter notre admiration ; et elle a produit plusieurs auteurs qui, du moins pour la France, sont complètement originaux : Lamartine, Alfred de Musset et Victor Hugo. Lamartine, si élégant dans l'expression, si harmonieux dans le mètre, si religieux même, quand un sentiment trop profond de la nature ne vient pas donner à ses écrits une teinte fâcheuse de naturalisme panthéistique. Alfred de Musset, si facile, si spirituel quand il badine, si profond quand il aborde la peinture des passions, et peut-être le plus réellement poète des trois ; mais poussant l'immoralité jusqu'au cynisme et le scepticisme jusqu'à l'impiété. Victor Hugo, mélange incompréhensible de grandeur et de bassesse, tantôt planant dans la nue et tantôt rampant dans le bourbier, génie inégal mais puissant et qui eût pu prendre rang après Corneille, s'il eût été guidé par un cœur droit et s'il eût obéi aux inspirations d'une conscience honnête, au lieu de se laisser emporter par la fougue de son ambition et le délire de son orgueil qui l'ont fait rouler, de chute en chute, jusqu'à cette triste production qu'on nomme *les Misérables*. Tombé là, malgré le bruit que le camp démocratique a fait autour de son œuvre, Victor Hugo a vu s'amoindrir ce qui lui restait de considération et se ternir son ancienne gloire littéraire. Il a vu mettre en doute jusqu'à son talent et sa dernière publication, *Les Chansons des rues et des bois*, n'a fait que confirmer, par une nouvelle déchéance, la sévérité de ce jugement.

L'éloquence sacrée n'a pas dégénéré de ce qu'elle était dans ses plus beaux temps ; et elle s'honore de posséder quelques orateurs qui peuvent être mis en parallèle avec les plus illustres de leurs prédécesseurs. S'ils leur sont quelquefois inférieurs, sous le rapport de l'expression, c'est qu'ils n'ont plus entre les mains cette belle langue claire, énergique, précise et voisine encore de ses racines latines, dont disposaient les Bossuet, les Bourdaloue et les Massillon ; mais ils ne le cèdent en rien à ceux-ci pour l'élévation de la pensée, la fermeté du langage et la courageuse indépendance vis-à-vis des pouvoirs.

L'éloquence profane est aussi brillante qu'elle ait jamais été dans le barreau ; et elle a vu naître, à la tribune, un genre nouveau, dans lequel de nombreux orateurs se sont illustrés. Mais la gloire que procure cette éloquence, sans cesse aux prises avec l'actualité, est éminemment fugitive ; et de tant de noms justement célèbres, quelques-uns à peine semblent destinés à traverser le temps.

Enfin, si la philosophie, dévoyée dans l'athéisme et le matérialisme, nous donne, en général, le douloureux spectacle de la raison se niant elle-même par la contradiction, quelques esprits éminents auront, dans l'avenir, la gloire d'avoir soutenu la saine philosophie, en s'appuyant sur le spiritualisme chrétien. Les de Bonald, les de Maistre vivront éternellement ; et Châteaubriand prendra place auprès d'eux, pour avoir, avec le prestige de son talent littéraire, montré ce que le Christianisme, outre la sublimité de sa doctrine et la pureté de sa morale, renferme de véritable poésie.

Mais, si notre littérature contemporaine peut invoquer quelques titres de gloire, appuyés sur quelques grands noms, qu'est-ce que ce petit état-major de vrais littérateurs, en comparaison de l'armée innombrable qui tient la plume et qui vit par elle ? Ce sont à peine, suivant l'expression de Virgile, « *quelques cyprès majestueux dominant les buissons ;* » et, quand nous envisageons le mouvement littéraire dans son ensemble, nous sommes contraints de reconnaître que notre littérature est en proie à une faiblesse incurable et à un incroyable abaissement.

A quoi tient cette décadence ? Les auteurs entraînés par le mauvais goût des contemporains sont-ils forcés, pour se faire lire, de ravaler leurs écrits au niveau général, ou bien ont-ils été les premiers à s'égarer et le public n'a-t-il fait que subir la funeste influence de la triste littérature qu'on donnait pour aliment à son esprit ? Ces deux hypothèses sont, croyons-nous, également vraies ; le mauvais goût du public et celui des auteurs réagissent l'un sur l'autre ; chacun est à la fois cause et effet.

Le plus grand mal vient de l'indifference publique. Nous ne sommes plus dans une situation d'esprit assez calme pour nous passionner sur des questions littéraires. L'intérêt est ailleurs : la politique et l'industrie captivent toutes les intelligences. Encore la plupart de ceux qui se vouent à la politique ne l'embrassent-ils pas pour la réalisation du bien public : chacun se jette dans ses agitations, non pour amener le triomphe d'une idée généreuse ; mais pour diriger les événements selon ses intérêts, que ceux-ci se traduisent par des espérances ou par des craintes. Avec la fièvre de joies matérielles qui nous travaille, au milieu de la dissipation qu'entraîne leur jouissance et des préoccupations que fait naître leur poursuite, l'esprit n'est ni assez maître de lui-même, ni assez pur pour comprendre et goûter la beauté idéale qu'ont poursuivie les grands littérateurs de tous les temps. Comment un auteur se mettrait-il en quête de cette beauté absolue, quand il voit dédaigner ceux mêmes qui l'ont le mieux rencontrée, et qu'il désespérerait de jamais égaler ?

Le mal a fait, en ce sens, de rapides et effrayants progrès. Nous sommes loin de la grande querelle du romantisme qui, au milieu de mille emportements, avait, du moins, pour effet de réveiller les esprits et d'entretenir la ferveur littéraire. De nos jours, les auteurs forcés de lutter contre la torpeur et l'indifférence du public, pires cent fois que les plus terribles écarts du mauvais goût, ont dû, pour trouver des lecteurs, flatter les penchants et surexciter les appétits, plutôt qu'élever les cœurs et diriger les intelligences. Engagés dans cette voie, ils n'ont cessé d'enchérir les uns sur les autres, jusqu'à en venir à l'immoralité la plus flagrante, dépensant dans des œuvres fangeuses le germe d'un talent qui, s'abreuvant à des sources pures, eût pu grandir et produire de bons fruits.

Le roman, forme la plus générale de ces productions qui n'ont conservé de littéraire que le nom, a fait un mal inexprimable. Tantôt immoral, tantôt anti-social, mêlant les idées révolutionnaires à une action dramatiquement combinée pour amener la démonstration de l'excellence de ces idées, il a infecté de sa contagion toutes les classes de la société et principalement les classes populaires. Tous ceux qui ont vécu à Paris ont vu, comme nous, des malheureux manquant du nécessaire, venir chercher dans les cabinets de lecture cette littérature sordide. Elle leur offre des peintures licencieuses, qui allument leurs passions, mêlées à des déclamations anti-religieuses qui les justifient. L'esprit plein d'un semblable poison, ils succombent d'autant plus facilement aux mille tentations du vice parisien que les occasions sont incessantes et que l'absence de tout principe les livre, sans défense, à ses séductions. Le relâchement des liens de la famille, les habitudes de fainéantise et, par suite, la misère, sont trop souvent le fruit de ces lectures détestables qui font le vide dans le cœur de l'homme, ébranlent toutes les croyances, détruisent tous les principes et salissent toutes les vertus. Le malheur est presque toujours le partage de ceux qui se laissent gouverner par de semblables guides ; et, comme il en coûte toujours de s'avouer ses fautes à soi-même, les victimes de ce dévergondage de l'esprit et du cœur aiment mieux s'élever contre la société, la rendre responsable des maux qu'ils se sont attirés et chercher à détruire, pour le reformer à leur profit, un état de choses dans lequel ils se trouvent malheureux.

Le roman, dans un autre genre, vient encore

favoriser cet égarement. Par le tableau exagéré qu'il fait des imperfections de notre état social, par les sophismes qu'il entasse contre lui, il flatte les instincts de haine et de convoitise, et prépare le moment où tant d'hommes dévoyés et pervertis pourront se déchaîner ouvertement contre la société.

Un dernier perfectionnement a été apporté à cette audacieuse entreprise de la démoralisation publique : c'est l'invention des publications populaires par livraisons à bon marché, qui permet d'acquérir les ouvrages mêmes au prix qu'on eût payé précédemment pour leur location. Grâce à cette innovation, ils restent dans la famille et pourront empoisonner successivement plusieurs générations. Les directeurs de ces publications haïssables semblent avoir pris à tâche de reproduire les ouvrages les plus complètement corrupteurs ! Dans ce pandémonium de la littérature malsaine, Pigault-Lebrun donne la main à Eugène Sue ; les gravelures assaisonnées d'impiété s'étalent auprès des excitations anti-sociales et des sophistications historiques.

Le théâtre n'a pas fait moins de mal dans la sphère de son action. La forme saisissante du drame, en frappant les yeux, atteint encore plus sûrement les imaginations, auxquelles elle présente, comme le roman, l'immoralité unie, dans une étreinte fraternelle, à la haine de la religion et de la société.

Bossuet blâmait énergiquement le théâtre de son époque et, de toutes les formes de la littérature, dénonçait la forme dramatique comme la plus dangereuse. Et pourtant, le théâtre était alors d'autant moins à craindre qu'en abordant la peinture des passions il les représentait grandies, idéalisées, élevées aux proportions héroïques; par conséquent, moins entraînantes par l'exemple et, pour ainsi dire, moins pratiques. Que dirait-il de nos jours, s'il voyait la passion devenue bourgeoise, mettre en scène des personnages semblables à nous, et placer dans leur bouche toutes les mauvaises subtilités que chacun sent s'agiter dans son esprit, pour excuser les égarements de son cœur ? S'il voyait le vice représenté sur la scène, non pour y être châtié ; mais pour y être disculpé et même glorifié ?

Si Bossuet trouvait dangereuses des tragédies comme *le Cid*, *les Horaces*, *Phèdre*, *Andromaque* et *Britannicus*, des comédies comme *les Femmes savantes* et *le Misanthrope*, des opéras comme les fadaises mythologiques de Quinault, que dirait-il de pièces qui, sous prétexte d'études de mœurs, sont de véritables écoles d'immoralité et contribuent tous les jours à grossir la clientèle de nos célébrités du vice, de pièces qui, comme *le Fils de Giboyer*, s'efforcent de flétrir la vertu et la religion du stygmate de l'hypocrisie, de pièces qui, comme *le Chiffonnier* de Félix Pyat, ont envoyé plus d'un combattant aux barricades?

Or, si, au nom de la libre pensée, certains écrivains tolèrent et même encouragent les coupables tendances de tant d'auteurs qui ravalent les productions de l'esprit au rang des produits industriels frelatés et font de la littérature pernicieuse un objet de trafic, comme les Anglais font de l'opium une denrée commerciale avec laquelle ils tuent les Chinois, nous réclamons, nous, contre ces honteuses spéculations, au nom de la morale, et, nous ne craignons pas de le dire, au nom de la liberté.

Au nom de la morale, nous demandons que, de même que la débauche des sens est condamnée à fuir le grand jour, de même la débauche de l'esprit soit obligée de se cacher, et qu'on ne voie plus se prélasser insolemment aux étalages des libraires des ouvrages dont le titre seul est une immoralité. Au nom de la liberté, nous demandons que le père de famille dont les droits nous paraissent plus sacrés cent fois que ceux de tous les sophistiqueurs littéraires, ne soit pas offusqué perpétuellement par ces exhibitions éhontées de petites ignominies ornées de gravures ou de photographies appropriées au texte, et qu'il ne voie pas s'introduire à son foyer, sous forme de feuilletons, des romans qu'il proscrirait s'ils se présentaient sous forme de livres. Nous demandons surtout que les classes ouvrières, qui ne sont pas toujours assez éclairées pour discerner entre le bien et le mal, ne soient pas exposées à se saturer d'œuvres empestées ; car c'est porter atteinte à leur liberté du bien que de les laisser, de gaîté de cœur, exposées au poison de telles lectures, dont elles ne peuvent juger tout le danger.

Du reste, le gouvernement comprend lui-même qu'il doit protection aux intelligences trop faibles pour se protéger seules ; il cherche, dans une certaine mesure, à les prémunir, et c'est pour atteindre ce but qu'est instituée la *Commission du colportage*, sorte de censure destinée à empêcher la diffusion dans les campagnes des livres dangereux. Mais cette commission, composée d'auteurs désignés par le Ministre de l'Intérieur, se montre beaucoup plus préoccupée de servir les petits intérêts et de respecter les petites défiances du pouvoir que de veiller efficacement au maintien de la morale publique. Au nom des bonnes mœurs, on est en droit d'invoquer une plus grande sévérité dans ses arrêts. Les populations des campagnes, par la simplicité de leurs habitudes, par leur bonne foi native, sont, plus encore que les autres, à la merci de qui veut les tromper ; et, par conséquent, doivent être d'autant plus énergiquement protégées. Or le roman, même le plus honnête, ne sera point pour elles inoffensif. Le moindre effet qu'il puisse produire est de les dégoûter de leur sort, par la peinture d'un monde chimérique où il les transportera en imagination ; et de faire naître chez elles cette disposition énervante et maladive qu'on appelle la *rêverie*, disposition qui, déjà funeste aux gens de loisir, deviendrait un danger mortel pour les classes laborieuses. Pour elles, il ne s'agit point, en effet, de *rêver* ; mais de lutter courageusement contre les âpres réalités de la vie. Pour ceux à qui le labeur de chaque jour laisse si peu de temps à consacrer à la lecture, il ne suffit pas qu'un livre soit inoffensif, il faut qu'il soit utile. Il ne suffit pas de les amuser et de les distraire, il faut encore les instruire et surtout les fortifier. C'est pourquoi on pourrait regarder comme un bien public une loi qui s'opposerait à la circulation de tant d'écrits, le plus souvent dangereux, ou tout au moins inutiles ; et qui favoriserait, au contraire, la propagation de livres moraux et religieux, et d'ouvrages spéciaux dans lesquels chacun pourrait puiser des instructions utiles pour sa profession. Dans de tels livres, les classes ouvrières rencontreraient à la fois des consolations, des enseignements et des exemples : les préceptes du catholicisme, expliqués de bonne foi et bien compris, les relèveraient à leurs propres yeux bien autrement que les creuses théories ou les coupables prétentions de la démocratie. Elles y trouveraient la réhabilitation du travail, non plus subi comme une nécessité sociale inexorable ; mais accepté comme un devoir, à l'exemple du divin fondateur de la religion chrétienne, ouvrier lui-même pendant la plus grande partie de sa vie, et offrant en sa personne le plus parfait modèle de la patience et de la résignation.

Au milieu de la lutte religieuse qui divise les esprits et dont la Presse est le principal champ de bataille, on ne sait ce qui doit le plus étonner de la facilité avec laquelle les organes de l'impiété attaquent l'Église, ou de la difficulté que les Catholiques rencontrent à défendre ses intérêts. Toutes les répressions ont été, jusqu'ici, pour la Presse catholique, toutes les autorisations et toutes les faveurs pour la Presse anti-religieuse. Aussi, bien que l'État proclame hautement sa neutralité, nous semble-t-il difficile que, tôt ou tard, il ne soit forcé de prendre parti.

Or l'État se tromperait grandement, s'il ne voyait dans ces grandes agitations de la pensée qu'un dérivatif qui, en concentrant les intelligences sur les questions dogmatiques, détournerait leur attention des questions politiques. Qu'il le sache, les vérités religieuses ne sont point de vaines spéculations philosophiques ; elles sont, avant tout, le moule sur lequel se façonnent la morale et la conduite des sociétés, aussi bien que celles des individus. Il n'y aura jamais de sujets plus difficiles à gouverner que des athées. Ne reconnaissant aucune loi que celle de la force, il n'y aura pas de milieu pour eux entre l'anarchie et l'esclavage. On peut dire, au contraire, avec Tertullien, qu'il n'y aura jamais de meilleurs citoyens que les chrétiens.

La neutralité dans laquelle l'État a prétendu se renfermer jusqu'à ce jour, sous prétexte de rationalisme, n'est qu'un équilibre instable, une perpétuelle oscillation entre le bien et le mal, entre la vérité et l'erreur. Entre des principes si radicalement opposés, il est impossible de tenir longtemps la balance égale. Si on ne favorise ouvertement et résolument le bien, on sera presque fatalement entraîné à favoriser plus ou moins le mal ; et c'est déjà le favoriser que de lui permettre de se produire librement.

L'État peut être bien convaincu que, quelles que soient les protestations de respect d'une certaine presse démocratique, il n'a pas d'ennemis plus redoutables que les journaux et les livres anti-religieux et anti-sociaux. Dans cette mêlée suprême où le bien et le mal, ces deux puissances qui se sont toujours disputé le monde, semblent devoir lutter de leurs derniers efforts, ce n'est pas le Catholicisme qui est à craindre pour les gouvernements : c'est la Révolution, ennemie née de tout ordre et de toute autorité.

Si donc l'État se montre si susceptible sur les questions qui touchent son pouvoir, qu'il prenne non moins souci de réprimer les attaques injurieuses et les basses calomnies dont on accable chaque jour le pouvoir religieux. Qu'il en soit de la Presse comme des pharmacies où les remèdes bienfaisants sont exposes au grand jour et laissés à la portée de tous, tandis que les poisons sont tenus à l'écart et soigneusement renfermés dans la crainte qu'ils ne tombent dans des mains imprudentes qui pourraient devenir victimes de leur ignorance, ou que des mains coupables ne viennent à s'en emparer pour le crime.

CHAPITRE DIXIÈME.

CONCLUSION.

Après le rapide exposé que nous venons de faire, la situation est nettement définie.

Deux camps sont en présence : la Révolution avec l'Impiété, l'Ordre avec la Foi.

D'un côté, se cachent, sous le nom de Libéraux, des hommes qui procèdent de la négation absolue de tout ce qui les a précédés et veulent tout détruire sous prétexte de tout réédifier, bien que quelques-uns d'entre eux ne sachent pas voir que leurs principes conduisent à des conséquences aussi radicales. Nous avons vu ce qu'est au fond leur prétendu Libéralisme. Dans chacun des principes que nous avons successivement examinés, nous avons retrouvé l'esprit de révolte contre la vérité religieuse, contre la tradition et contre l'autorité ; mais nulle part nous n'avons vu le respect et la pratique sincère de la liberté.

Bien que les hommes qui se disent Libéraux parlent sans cesse de l''instruction gratuite, ils la repoussent quand elle n'est pas versée par les mains de leurs satellites. Bien qu'ils invoquent la liberté d'association, ils demandent à grands cris la suppression et l'expulsion des ordres religieux. Bien qu'ils s'appuient sur la liberté de conscience. ils insultent à nos convictions et mettent tout en œuvre pour les anéantir. Ils demandent, au nom de la liberté, le renversement du trône pontifical ; et appellent, contre les enseignements de nos prélats, les mesures répressives du pouvoir civil.

Pour eux, enfin, tout est à renouveler, les hommes, les croyances, les institutions : tout le passé leur fait horreur ; ils veulent être eux-mêmes le point de départ d'une nouvelle humanité

De l'autre côté se trouvent des hommes qui, sans prétendre que la société actuelle soit parfaite, préfèrent de lentes améliorations aux bouleversements par lesquels la Révolution prétend la conduire à la rénovation. Des hommes sobres de promesses, parce qu'ils ne veulent promettre que ce qu'ils peuvent tenir ; mais animés d'un ardent amour de leurs semblables et pensant que le meilleur moyen de leur alléger les souffrances de cette vie est de leur en laisser espérer une autre. Des hommes respectant, aimant, pratiquant la religion chrétienne, et ne pouvant oublier que c'est elle qui a placé l'Europe à la tête de la civilisation. Des hommes qui, tout en travaillant pour l'avenir, savent honorer un passé auquel la France doit sa grandeur, et qui, fiers d'être les enfants de ce noble pays ont la prétention de ne le céder à personne, quand il s'agit de le servir et de lui prouver leur dévouement. Des hommes, enfin, qui embrassent dans un même amour toutes les gloires de notre histoire, parce que, à quelque époque qu'elles appartiennent, ces gloires sont toujours celles de la Patrie !

Il n'y a pas, on le voit, de compromis possible. Dans une lutte aussi décisive, dans une lutte qui met en jeu les principes, les biens et l'existence de tant de citoyens, la neutralité est un crime; il faut embrasser un parti.

I.

Mais que les honnêtes gens ne s'y trompent pas. Si dans ce moment l'Église et la Religion semblent être seules en cause, si c'est sur elles que la Révolution a concentré ses attaques, c'est qu'elle a jugé que là était la force et le rempart de la société ; mais elle n'a point renoncé pour cela à ses projets de réforme sociale. Qu'on ne se laisse donc point duper par des sophismes. Le Libéralisme c'est la Révolution déguisée et la Révolution c'est le Socialisme, c'est l'anarchie, c'est le règne sanglant de l'échafaud. Car il y a dans les idées et dans les faits une logique implacable, les systèmes les plus subversifs sont la suite inévitable des théories les plus innocentes en apparence, et ceux qui osent émettre ces systèmes sont les plus conséquents, en même temps que les plus audacieux.

Qu'on ne se laisse pas non plus séduire par l'apparente générosité de quelques principes. Ceux qui sont vrais se retrouvent plus beaux et plus purs encore dans nos doctrines religieuses et monarchiques ; ceux qui ne sont que spécieux ont pour but de captiver et de tromper les simples, de les égarer et de les entraîner, sans qu'ils s'en doutent, jusqu'aux conséquences les plus radicales. Car, qu'on le sache bien, une fois sorti de l'orthodoxie religieuse et politique, on n'a plus de règle, on n'a plus de guide, on est emporté à la dérive, selon le caprice des hommes et le hasard des événements.

Industriels, manufacturiers, capitalistes, commerçants, comprenez donc enfin que votre ennemi n'est point en arrière ; mais qu'il est devant vous ! Comprenez donc que les retardataires ne sont point ceux qui conservent dans leurs cœurs d'honorables souvenirs, pour y puiser un soutien et un encouragement dans le présent ; mais ceux qui perdent un temps précieux à maudire le passé et s'acharnent à perpétuer une lutte rétrospective contre des adversaires chimériques. Au lieu de tonner contre l'ancien régime, au lieu de lui imputer certains abus qui remontent à la période mérovingienne ou carlovingienne et dont lui-même avait fait justice depuis des siècles, soyez donc de votre temps, sachez le juger et reconnaître les choses qui se cachent sous des changements de nom. Au lieu de décrier la féodalité, qui est morte depuis la fin du XVe siècle et que personne ne songe à rétablir, reconnaissez que, dans le présent, vous êtes vous-mêmes une véritable féodalité. De même qu'autrefois les possesseurs des terres disposaient, dans une certaine mesure et en vertu de leur droit de possession, des hommes qui cultivaient ces terres, de même vous disposez des travailleurs que vous employez dans vos fabriques ; de même que les bras des paysans étaient, en temps de guerre, au service de leurs maîtres, de même vous appartient le vote de vos ouvriers que la nécessité fait vos hommes-liges.

Vous formez aujourd'hui l'aristocratie nouvelle, tandis que les descendants de l'aristocratie ancienne ont pris, sous le rapport politique, la place qu'occupait jadis la bourgeoisie. Ces descendants jouissent encore, il est vrai, de la considération chèrement acquise par leurs ancêtres, au prix de leur sang prodigué pour la défense de la croix civilisatrice, pour la délivrance de la patrie livrée à la domination étrangère, pour son étendue et pour son unité ; mais ils ont peu d'influence politique, parce qu'ils n'ont pas d'action sur les masses dont le concours assure le succès.

Reconnaissez donc que vous êtes les privilégiés, ou plutôt, oublions les uns et les autres ces désignations dont on abuse pour perpétuer le déplorable antagonisme des classes dominantes ; et pour créer nos divisions qui font la force des ennemis de la société. Soyons tous unis dans un commun amour de la patrie, et qu'il n'y ait, entre nous, d'autre rivalité que l'émulation de la servir de notre mieux et de travailler de tout notre pouvoir à assurer sa grandeur. Reprenons notre histoire en 1789, date que la Révolution prétend s'approprier, mais que nous revendiquons pour notre ancienne Monarchie à laquelle elle appartient. Confondons-nous dans l'égalité des droits et des devoirs, sans autre distinction que notre mérite et notre patriotisme, comme la nation française se confondit alors sous l'impulsion généreuse de son Roi. Mais répudions avec horreur les souvenirs sanglants de 1793, répudions la révolte insensée et coupable qui, en brisant la longue tradition par laquelle le peuple était uni à ses souverains, l'a livré à des agitations sans terme et a créé les divisions dont nous souffrons encore aujourd'hui.

Ce n'est plus le moment d'écouter de vieilles rancunes de parti, ni des préventions et des défiances injustes contre l'Église. Cet esprit violent et sanguinaire de 1793 vit encore. Poursuivant son œuvre de destruction, il fait chaque jour de nouvelles conquêtes et travaille dans l'ombre, en attendant qu'il soit assez fort pour marcher résolument tête levée.

Il s'est formé contre vous, contre vos biens. contre votre vie, une ligue puissante, terrible. immense...... Il faut vous laisser emporter par ce torrent qui grossit sans cesse, ou vous mettre hardiment à l'œuvre avec nous, afin d'opposer une digue à sa fureur. Choisissez ; vous ne pouvez vous abstenir. En restant simples spectateurs de la lutte, vous laissez la force aux agitateurs ; c'est être pour eux que de n'être pas contre eux.

Or, cette digue salutaire qui seule peut sauver la société, c'est nous, ce sont nos principes. Nos adversaires voudraient faire croire que nous n'existons plus : d'où vient alors que, dans leur monomanie furieuse ils ne cessent de nous déchirer ? Est-ce qu'on s'acharne ainsi sur un cadavre ? Non, c'est qu'ils savent bien que nous sommes toujours debout. Qu'ils sachent aussi que la violence de leurs attaques, contre ce que nous avons au monde de plus sacré, n'a fait que retremper plus fortement notre courage et nos convictions.

Nous possédons une force intérieure avec laquelle on ne meurt point ; c'est la foi en nos principes ; c'est la confiance inébranlable que la vérité, la justice et le droit sont imprescriptibles, qu'ils peuvent, il est vrai, rester plus ou moins longtemps méconnus ; mais que, tôt ou tard, après les épreuves, après les traverses, leur jour se lève enfin.

Les révolutionnaires nons accusent de vouloir arrêter la marche de la société. Cette accusation est mensongère, comme toutes celles qu'ils portent contre nous.

De ce que nous conservons notre respect à la dynastie à laquelle appartient le passé de la France, de ce que nous restons attachés à son auguste descendant, il ne s'ensuit pas que nous songions à reprendre une organisation sociale depuis longtemps disparue et que cette antique dynastie, elle-même, travailla sans relâche à modifier. De ce que nous prenons la défense du moyen-âge, par exemple, il ne s'ensuit pas que nous pensions à rétablir ses divisions politiques et à revenir à son point de civilisation ; mais nous pensons qu'il est aussi injuste à nous de lui faire un crime de n'avoir pas su pousser le progrès jusqu'où nous l'avons poussé nous-mêmes, qu'il serait injuste aux siècles futurs de nous regarder comme des barbares parce qu'ils auront encore enchéri sur notre progrès actuel. Nous pensons que, s'il nous est permis de nous glorifier de nos merveilles modernes, il ne faut pas que notre orgueil soit poussé jusqu'à l'enivrement ; car, si nous avons fait mieux que nos devanciers, nous ne devons pas oublier que, venus les derniers, nous avons recueilli l'héritage que tant de générations avaient amassé pour nous et auquel nous étions tenus d'ajouter aussi notre contingent.

Ainsi nous unissons l'humanité tout entière dans un ensemble magnifique, au lieu de scinder en deux l'histoire de la civilisation, sous les noms d'*ancienne* et de *moderne*, et de créer une division tout arbitraire ; car ce qui est moderne aujourd'hui sera ancien demain. Ainsi nous nous rendons dignes de prétendre au respect des générations futures, en respectant nous-mêmes les générations passées. Ainsi, loin de tirer la société en arrière, nous la poussons en avant en lui montrant que le progrès est la loi de tous les temps et en lui faisant comprendre que chaque siècle n'est qu'un degré de l'échelle des âges qui doit conduire à un degré plus élevé.

Mais ce que nous déplorons avec une profonde tristesse, c'est de voir que le progrès moral est loin de marcher d'un pas égal à côté du progrès matériel. Il semble, au contraire, que leurs mouvements soient en rapport inverse : à mesure que la science fait des conquêtes nouvelles, la perversion des esprits donne un accroissement à nos appétits grossiers. Or la vraie civilisation est le parfait équilibre entre notre nature morale et notre nature physique : si on laisse empiéter celle-ci on arrive bientôt à lui tout sacrifier, on détruit l'équilibre, et on se rapproche ainsi de la barbarie. Aussi sommes-nous persuadés que le progrès matériel, s'il n'est accompagné du progrès moral, devient bientôt une décadence ; car nous ne saurions admettre cette croyance d'un orgueil insensé que l'homme puisse devenir un dieu.

Ce ne serait pas la première fois que l'on verrait une société disparaître étouffée sous sa prospérité matérielle. Qu'on aille dans les plaines de l'Asie, de l'Afrique et de l'Amérique, on pourra y remuer la poussière de civilisations qui ont été aussi avancées que notre civilisation moderne. On y rencontrera les ruines de villes qui furent autrefois aussi belles et aussi importantes que les nôtres : elles sont aujourd'hui cachées sous l'herbe. Ces cités ont péri parce qu'elles manquaient de l'élément divin que l'on veut nous ravir, et sans lequel Rome eût péri elle-même, comme les reines superbes des civilisations qui l'avaient précédée.

II.

Nous dirons aussi aux révolutionnaires : Non ! ce n'est pas le mouvement social que nous voulons arrêter, mais c'est vous-mêmes, parce que vous nous poussez à l'abîme, parce que nous avons peur de la société que vous voulez nous faire, parce que, chaque fois que vous vous êtes mis à l'œuvre, vous ne nous avez produit que des ruines ! Nous l'avons vue en 1793, votre société sans croyances ; et nous nous rappellons qu'en renversant le culte du Dieu fait chair, vous l'aviez remplacé par le culte de la chair faite Dieu. Nous nous souvenons, à la honte éternelle de cette époque dont les crimes n'étaient égalés que par ses folies, qu'elle osa un jour proposer aux adorations du peuple le corps impudique et nu d'une prostituée, élevée en triomphe sur l'autel de Notre-Dame dévastée !

Oui, nous sommes vos adversaires, hommes de la Révolution ! Oui nous sommes en face de vous et vous nous y trouverez toujours, sur quelque terrain qu'il vous plaise de transporter la lutte. En ce moment, vous l'avez circonscrite au terrain religieux ; vous nous y trouvez soutenant la vérité contre vos négations audacieuses ; et le jour où, favorisés pai l'esprit du mal, vous vous trouveriez en mesure de faire prévaloir vos théories subversives, vous nous rencontreriez encore, proclamant les principes conservateurs de toute société.

En attendant, à votre propagande anti-sociale, aux promesses mensongères dont vous cherchez à leurrer le peuple, ne pouvant lui donner des réalités, nous opposons des faits. Nous ne promettons point aux pauvres le partage des terres : mais bien avant que vous eussiez inventé le mot de socialisme, nous pratiquions le vrai socialisme, sous le nom de charité chrétienne. Nous ne réclamons point l'instruction obligatoire : mais les

Frères des Écoles Chrétiennes donnent, annuellement, à plus de cent mille enfants, l'instruction gratuite, et, dans tous les concours, leurs élèves l'emportent d'une manière écrasante sur ceux des institutions laïques.

Vous vous dites les amis de l'humanité ; qu'avez-vous fait pour elle ? En ébranlant toutes les croyances, en creusant dans les esprits un vide que vous ne pouvez combler, vous lui avez donné le dégoût de son sort, et vous avez allumé dans les cœurs d'immenses désirs qu'il ne peut jamais vous être donné d'assouvir.

Vous applaudissez à l'affranchissement des esclaves ; mais, nous l'avons vu, ce grand acte de justice n'est point votre œuvre. Pour prendre le parti des faibles contre les puissants, il fallait le christianisme. La raison humaine, que vous reconnaissez comme votre seule divinité, proclamait par la bouche de Caton, que l'esclavage était un mal nécessaire.

Vous applaudissez au progrès de la civilisation ; est-ce à vous qu'appartiennent ses plus ardents propagateurs, ces missionnaires infatigables qui, sans aucun intérêt personnel, font le sacrifice de leur vie et vont affronter le martyre, pour préparer les peuples sauvages à la civilisation par la religion chrétienne ?

Vous feignez de compatir à toutes les misères humaines ; mais votre philanthropie elle-même ne vous appartient pas ; c'est une méchante parodie de la charité qui existait avant vous, et dont il ne vous sera jamais donné d'égaler les admirables effets.

Avez-vous jamais accordé une larme à la malheureuse et catholique Irlande ? Avez-vous songé à secourir les chrétiens du Liban ? Vous parlez sans cesse de la Pologne : mais c'est vous qui avez perdu sa cause ! C'est parce que, trompée par vous, elle a cherché à s'appuyer sur la Révolution que, malgré l'admiration qu'inspiraient son ardent patriotisme et son indomptable énergie, la défiance a empêché de la secourir.

Car, vous avez beau dire que la Révolution est la loi des temps nouveaux, vous avez beau enfler votre voix pour faire croire à votre grand nombre, personne, parmi ceux qui composent les vraies forces de la nation pensante et agissante, ne veut la Révolution. Sans doute, vous pouvez, par moments, égarer et entraîner les masses, sans doute certains mouvements populaires, que vous êtes habiles à préparer, certains bouillonnements sociaux, que vous savez faire naître, peuvent, en un jour de surprise, vous porter au pouvoir ; mais dès qu'on vous voit en user on vous juge et on vous répudie.

C'est qu'on s'aperçoit bien vite que vous n'êtes pas, comme vous le prétendez, les amis de la vraie liberté ; mais la haine incarnée de la religion, de l'autorité et de toutes les supériorités sociales ; c'est que sous vos théories les mieux dorées, au fond de vos principes en apparence les plus généreux, se retrouve ce sentiment que vous n'osez avouer ; c'est que, ce venin que vous avez dans le cœur, vous cherchez à l'inoculer aux classes populaires, afin de vous en faire suivre en égarant leur intelligence et en faisant appel à leurs mauvaises passions. C'est enfin que si vous êtes puissants pour détruire, vous êtes incapables de rien fonder, parce que vous proclamez des droits illusoires, tandis que les sociétés reposent avant tout sur des devoirs sacrés.

Qu'avez-vous à opposer à notre monarchie huit fois séculaire ? Nous le voyons, en moins de quatre-vingts ans, vous nous offrez onze constitutions ! A notre catholicisme et à nos espérances d'immortalité qu'avez-vous à opposer ? L'athéisme et le néant ! A notre respect des générations éteintes vous répondez en supprimant la famille : vous ravalez ainsi la femme à n'être plus qu'un instrument de plaisir, et vous lui enlevez sa dignité d'épouse et de mère. A notre respect des droits acquis, vous répondez en supprimant la propriété : et, par là, vous détruisez le plus énergique stimulant de l'intelligence et de l'activité humaines. En faisant l'Etat seul possesseur et seul dispensateur de tous les biens, vous anéantissez l'individu et vous nous conduisez, non-seulement au despotisme, mais à l'esclavage !...... Et vous osez encore parler de liberté !

Mais si vous êtes la Négation, nous sommes, nous, l'Affirmation. Vous niez le pouvoir héréditaire : nous l'affirmons par une tradition de huit siècles ! Vous niez l'autorité religieuse : nous l'affirmons par une tradition de dix-huit cents ans ! Vous niez la famılle et la propriété : nous les affirmons par une tradition constante, dans tous les temps et chez tous les peuples !

Croyez-nous ! ce n'est point après six mille ans que vous réformerez le monde : une si longue habitude dans le passé engage dans l'avenir. Le monde est trop vieux pour se refaire ; et des principes qui ont résisté à une telle durée ont reçu, par cela même, leur brevet d'indestructibilité (1).

Nous avons sur vous cet avantage qu'une

(1) Montaigne semble avoir prévu l'esprit de discussion et d'innovation dont notre époque est possédée, quand il dit : « Ces « grandes et longues altercations, de la meilleure forme de so- « ciété, et des règles plus commodes à nous attacher, sont al- « tercations propres seulement a l'exercice de nostre esprit ; com- « me il se treuve ez arts plusieurs subjects qui ont leur essence « en l'agitation et en la dispute, et n'ont aulcune vie hors de là. « Telle peincture de police seroit de mise en un nouveau monde ; « mais nous prenons un monde desja faict et formé à certaines « coustumes ; nous ne l'engendrons pas, comme Pyrrha, ou com- « me Cadmus Par quelque moyen que nous ayons loy de le re- « dresser et renger de nouveau, nous ne pouvons guères le tor- « dre de son accoustume ply, que nous ne rompions tout » Essais Livre III chap. IX.

fois le monde devenu chrétien, il sera facile de s'entendre sur la forme des gouvernements et de résoudre toutes les questions politiques. Au contraire, quand votre œuvre de destruction sera accomplie, quand le monde sera devenu athée et matérialiste, il vous sera impossible de concilier les intérêts et les passions dont aucune loi morale ne viendra plus tempérer les exigences ; et tandis que notre triomphe conduit à l'ordre et à l'harmonie, le vôtre conduirait à l'anarchie et à la dissolution.

Aussi, loin de songer à abandonner nos principes séculaires pour vos théories nées d'hier et déjà cent fois modifiées, instables comme l'erreur, et, comme elle, intolérantes et oppressives de la vérité, nous nous y attachons, au contraire, comme au seul guide qui puisse nous diriger au milieu des incertitudes de l'avenir. L'humanité est manifestement en marche vers l'inconnu. Ces agitations auxquelles elle est en proie, ce malaise indéfinissable, ces aspirations sans but, ces projets de réforme qui se traduisent par l'émeute de la rue, ces changements de gouvernement que nous voyons se reproduire en France d'une manière presque périodique, tout cela n'est point la situation normale d'une société. Bien téméraire serait celui qui oserait prédire ce que l'avenir nous réserve. Toutefois, il est permis de prévoir que la transformation qui s'accomplit sous nos yeux aura pour résultat le nivellement de plus en plus complet de toutes les classes. Mais ce rapprochement des distances sociales pourra s'opérer dans deux conditions bien différentes. Ce sera ou l'égalité dans l'esclavage, sous le joug d'un pouvoir brutal, le seul qui convienne à une société matérialiste, ou la liberté avec l'obéissance filiale à l'Église et à ses lois. C'est à l'humanité de choisir entre ces deux alternatives.

Pour nous, notre choix est fait depuis longtemps. Nous aimons mieux accorder notre soumission volontaire à la foi de nos aïeux, que de subir, par la force, le despotisme révolutionnaire ; et, pour nous résumer en quelques mots : au lieu du Faux-Libéralisme de la Révolution, nous voulons le Vrai-Libéralisme par le Catholicisme qui, seul, en nous faisant connaître nos devoirs et en nous donnant la force de les accomplir, peut nous rendre capables d'exercer des droits.

C'est cette religion civilisatrice, en même temps que sanctifiante qui a amené l'humanité au point où nous la voyons aujourd'hui, après l'avoir dégagée des fanges du polythéisme et l'avoir sauvée de la barbarie des conquérants du Nord. C'est elle qui peut encore nous arracher au matérialisme qui nous écrase, et nous protéger contre les tentatives des Barbares de l'intérieur. Elle seule peut servir de fanal aux nations modernes, au milieu de la tempête des idées, des intérêts et des passions, qui se déchaîne aujourd'hui. C'est par elle seule et par un retour général à ses croyances et à ses pratiques que nous pouvons maintenir l'ordre, prétendre à la liberté et conserver la dignité humaine. En dehors d'elle, enfin, nous ne voyons qu'oppression, abaissement, anarchie et chaos !

FIN.

TABLE DES MATIÈRES.

LAVAL, IMP. DE MARY-BEAUCHÊNE.

www.ingramcontent.com/pod-product-compliance
Ingram Content Group UK Ltd.
Pitfield, Milton Keynes, MK11 3LW, UK
UKHW020106200726
13856UKWH00002B/400